Der Islam und die Grundlagen der Herrschaft

Leipziger Beiträge zur Orientforschung

Herausgegeben von Hans-Georg Ebert
Begründet von Günter Barthel

Band 24

PETER LANG
Frankfurt am Main · Berlin · Bern · Bruxelles · New York · Oxford · Wien

Hans-Georg Ebert / Assem Hefny

Der Islam und die Grundlagen der Herrschaft

Übersetzung und Kommentar des Werkes von Alî Abd ar-Râziq

PETER LANG
Internationaler Verlag der Wissenschaften

Bibliografische Information der Deutschen Nationalbibliothek
Die Deutsche Nationalbibliothek verzeichnet diese Publikation in der Deutschen Nationalbibliografie; detaillierte bibliografische Daten sind im Internet über http://dnb.d-nb.de abrufbar.

ISSN 0942-2323
ISBN 978-3-631-59613-5

www.peterlang.de

Vorwort

ʿAlī ʿAbd ar-Rāziq hat mit seinem Hauptwerk „Der Islam und die Grundlagen der Herrschaft", welches im Folgenden übersetzt und kommentiert wird, ein neues Kapitel im Denken der Muslime aufgeschlagen. Ein bis dahin eher tabuisierter Bereich – die Trennung von Religiösem und Politischem im Islam – sollte im 20. und im 21. Jh. zu einer grundlegenden Auseinandersetzung werden; eine Auseinandersetzung, die mit der Legitimation der Staatlichkeit in der islamischen Welt ebenso zusammenhängt wie mit der Vereinbarkeit von Demokratie und Menschenrechten in einer islamisch geprägten und gleichsam globalisierten Gesellschaft.

Nicht von ungefähr stand das Buch lange Zeit auf dem Index, obgleich es keineswegs islamfeindliche Aussagen enthält. Mehr noch. Es ist gekennzeichnet durch ein tiefes religiöses Bekenntnis seines Autors, freilich nicht im Sinne eines blinden Nachfolgens in den Auffassungen und Theorien von Kalifen und bestimmten Rechts- und Religionsgelehrten, sondern in der Rückführung der Problematik auf die koranischen Quellen. Darin liegt der besondere Wert dieser Schrift: Aus dem religiösen Verständnis heraus wird der menschlichen Entscheidung in Staat und Politik Priorität eingeräumt. Das Kalifat verliert damit seinen religiösen Schein und wird zur einfachen Herrschaftsform. Dass dies auf viele Muslime zunächst schockierend wirken musste, kann nicht überraschen. Hinzu kommt, dass das Osmanische Reich als letzter Träger des Kalifats im Gefolge des 1. Weltkrieges zerfallen war. Der Autor konnte in dieser Weise argumentieren, weil er nicht nur über das entsprechende religiös-rechtliche Wissen verfügte und an der Azhar-Universität von Kairo studierte und lehrte, sondern weil er zugleich mit den im Westen verbreiteten politik- und geisteswissenschaftlichen Methoden und Denkstrukturen vertraut war.

Bislang liegt keine vollständige deutsche Übersetzung des Buches von ʿAlī ʿAbd ar-Rāziq vor. Für den mit dem Islam wenig vertrauten Leser wird manche Stelle in dieser Schrift nicht ohne weiteres erschließbar sein. Daher wurden zahlreiche Erläuterungen in die Fußnoten aufgenommen und eine kurze Einführung zu Autor und Werk vorangestellt. Es wurde eine möglichst genaue und wörtliche Übersetzung angestrebt, um die Gedankengänge und Intentionen des Autors nachvollziehbar zu machen.

Möge diese Übersetzung dazu beitragen, das reiche kulturelle Erbe der Muslime in der westlichen Welt zu verbreiten und das gegenseitige Verständnis zu fördern. ʿAlī ʿAbd ar-Rāziq hat diesen gegenseitigen Austausch exemplarisch mit Leben erfüllt.

Es ist uns ein Bedürfnis, all denjenigen zu danken, die mit Ratschlägen, Korrekturen und Hinweisen zur vorliegenden Übersetzung und Drucklegung beigetragen haben. Insbesondere gilt unser Dank Frau I. Neuhoff (Leipzig) und Herrn Dr. Th. Hanstein (Leipzig). Herrn Prof. Dr. A. Kaplony (Zürich) sei für die Hilfe bei der Einsichtnahme in das Originalmanuskript der dritten Ausgabe von 1925 gedankt. Wir bedanken uns bei der Azhar-Universität für die Zustimmung zur Veröffentlichung dieses Werkes. Frau Martina Polster vom Peter Lang-Verlag hat mit ihrer Unterstützung das schnelle Erscheinen des Bandes befördert.

Hans-Georg Ebert / Assem Hefny Leipzig, im September 2009

Inhalt

ʿAlī ʿAbd ar-Rāziq: Leben und Werk

1. Biografie und Schriftenverzeichnis

ʿAlī Ḥasan Aḥmad ʿAbd ar-Rāziq wurde im Jahre 1888 im kleinen Ort Abū Ǧirǧ im Bezirk (muḥāfaẓa) al-Minyā in einer einflussreichen und vermögenden Familie geboren.[1] Sein Vater, ein Freund von Muḥammad ʿAbduh (gest. 1905) und seit 1907 Vorsitzender der Volkspartei (ḥizb al-umma), des Vorläufers der Liberal-Konstitutionellen Partei,[2] schickte seinen Sohn ʿAlī ʿAbd ar-Rāziq sowie dessen drei Jahre älteren Bruder Muṣṭafā (gest. 1947), den späteren Šaiḫ al-Azhar, nach dem Besuch der örtlichen Koranschule zunächst auf die angesehene Azhar-Universität von Kairo.[3] Beide Brüder, aber auch ihr Vater, legten zugleich Wert auf eine Beschäftigung mit europäischen Sprachen und „modernen" Wissenschaften. Muṣṭafā studierte an der Sorbonne in Paris u.a. bei E. Durkheim (gest. 1917). ʿAlī dagegen ging im Jahre 1912 nach London und anschließend 1913 nach Oxford, um neben der Vertiefung seiner Englisch-Kenntnisse Nationalökonomie und politische Wissenschaften zu studieren. Bereits vor der Reise nach Großbritannien hatte ʿAlī ʿAbd ar-Rāziq bei den großen italienischen Orientalisten C. A. Nallino (gest. 1938) und D. Santillana (gest. 1931), der vor allem durch seine Studien zum mālikitischen Recht internationales Ansehen erlangte, an der privaten Ägyptischen Universität (der späteren Kairo-Universität) Vorlesungen besucht und selbst in Rhetorik Lehrveranstaltungen abgehalten. Der Aufenthalt in Oxford wurde durch den Ausbruch des 1. Weltkrieges überschattet, sodass ʿAlī ʿAbd ar-Rāziq 1915 nach Ägypten zurückkehren musste. Er wurde zum islamischen Richter am Islamischen Gericht 1. Instanz in al-Manṣūra (al-qāḍī aš-šarʿī bi-maḥkamat al-Manṣūra[4] al-ibtidāʾīya aš-šarʿīya) ernannt. Während seiner Richterzeit in al-Manṣūra hielt er auch Vorlesungen an der Azhar-Außenstelle in Alexandria. Die Veröffentlichung des Buches „Der Islam und die Grundlagen der Herrschaft" bildete die entscheidende Zäsur in seinem persönlichen wie auch in seinem wissenschaftlichen Leben. Nach dem Urteil der Azhar-Universität (s.u.) und seiner Entlassung aus dem Lehrkörper der Universität am 12.8.1925 erfolgte auch der gleichzeitige Entzug seiner Richterlizenz

[1] Seiner Familie gehörten etwa 7000 Feddan Land. Feddan (faddān) ist ein ägyptisches Flächenmaß. 1 Feddan und beträgt etwa 4201 m^2.

[2] Vgl. seine Biografie in Brockelmann, C., Geschichte der arabischen Litteratur (GAL). Leiden 1942, Dritter Supplementband, S. 329-330.

[3] ʿAlī ʿAbd ar-Rāziq kam – entsprechend den Gepflogenheiten der Azhar – bereits im Alter von 10 Jahren an diese Lehrstätte in Kairo. Selbstverständlich kannte er bereits im Kindesalter den Koran auswendig, sodass es nicht überrascht, dass er in der hier zu übersetzenden Schrift zahlreiche Koranzitate (nur z.T. in Fußnoten vermerkt) benutzte. Auf einige diesbezügliche Anspielungen wird im Text in entsprechenden Fußnoten hingewiesen.

[4] Eine Stadt im Nildelta, ca. 120 km nördlich von Kairo.

aufgrund eines Beschlusses des Justizministeriums (wizārat al-ḥaqqānīya) vom 17.9.1925. Gegen das Urteil konnte keine Berufung oder Beschwerde eingelegt werden. ʿAlī ʿAbd ar-Rāziq war gezwungen, außerhalb des Öffentlichen Dienstes und der Azhar-Universität zu wirken. Zunächst reiste er nach Oxford, um seine abgebrochenen Studien in Großbritannien fortzusetzen. Er besuchte mehrere nordafrikanische Länder und veröffentliche einige Aufsätze in der Zeitung „As-siyāsa" (Die Politik), die von der Liberal-Konstitutionellen Partei (ḥizb al-aḥrār ad-dustūrīyīn) Ägyptens herausgegeben wurde und der ʿAlī ʿAbd ar-Rāziq angehörte. Infolge der Ernennung seines Bruders zum Šaiḫ al-Azhar im Dezember 1945[5] wurde er rehabilitiert und danach (vom 28.12.1948 bis zum 25.7.1949) zum Minister für Religiöse Stiftungen (wazīr al-auqāf) ernannt. Als Parlamentsmitglied (mağlis an-nuwwāb) und Mitglied des Oberhauses (mağlis aš-šuyūḫ) konnte er politischen Einfluss in Ägypten ausüben. Neben seiner Tätigkeit als Rechtsanwalt lehrte er vor allem an der Kairo-Universität und erläuterte seinen Standpunkt in Bezug auf seine Schrift „Der Islam und die Grundlagen der Herrschaft" und die diesbezüglichen Verbindungen zum Denken von Muḥammad ʿAbduh, der für ihn, aber auch für seinen Bruder und seinen Vater ein Leitbild der religiösen und politischen Auffassungen war. Darüber hinaus referierte er vor allem zur Rhetorik (ʿilm al-bayān) und zur islamischen Rechtsquellenlehre (uṣūl al-fiqh). Er war auch Mitglied der renommierten „Akademie für die arabische Sprache" (mağmaʿ al-luġa al-ʿarabīya) in Kairo. ʿAlī ʿAbd ar-Rāziq verstarb am 23.9.1966.

Die Auseinandersetzungen um die Schrift „Der Islam und die Grundlagen der Herrschaft" haben ʿAlī ʿAbd ar-Rāziq nach eigenen Aussagen tief erschüttert und Spuren hinterlassen, die den brillanten Denker lange Jahre davon abgehalten haben, weitere umfangreiche Werke zu verfassen. So ist seine wissenschaftliche Publikationsliste vergleichsweise kurz. Folgende Veröffentlichungen sind zu nennen:

Al-islam wa-uṣūl al-ḥukm (Der Islam und die Grundlagen der Herrschaft), vgl. dazu den folgenden Abschnitt;

Amālī ʿAlī ʿAbd ar-Rāziq fī ʿilm al-bayān wa-tārīḫihi (Skripte seiner Vorlesungen an der Kairo-Universität zum Thema der Rhetorik und ihrer Geschichte);

Al-iğmāʿ fi-š-šarīʿa al-islāmīya (Der Konsens im islamischen Recht). Kairo: Dār al-fikr al-ʿarabī 1947: Darin setzt er sich mit dem Begriff und der Bedeutung des

---

[5] http://www.islamonline.net/arabic/history/Brothers/article05.shtml (zuletzt abgerufen: 10.8.2009). Diese Seite enthält eine Kurzbiografie der beiden Brüder Muṣṭafā und ʿAlī ʿAbd ar-Rāziq. Eine weitere Internet-Seite zur Biografie von ʿAlī ʿAbd ar-Rāziq unter der URL:
http://www.marefa.org/index.php/%D8%B9%D9%84%D9%8A_%D8%B9%D8%A8%D8%AF_%D8%A7%D9%84%D8%B1%D8%A7%D8%B2%D9%82 (zuletzt abgerufen: 11.8.2009).

Konsenses in der islamischen Rechtsquellenlehre auseinander. Er verweist auf die unterschiedlichen Arten von iǧmāʿ, wie etwa den iǧmāʿ der Prophetengefährten, der Gelehrten, der Bewohner von Medina. Die hauptsächliche These des Buches besagt, dass ein Konsens im bislang behaupteten Sinne nicht existiere und daher nicht ohne weiteres Beweiskraft habe. Die Übereinstimmungen zum Werk „Der Islam und die Grundlagen der Herrschaft" sind dabei unverkennbar;
Min āṯār aš-Šaiḫ Muṣṭafā ʿAbd ar-Rāziq (Die Werke von Muṣṭafā ʿAbd ar-Rāziq). Kairo: Dār al-maʿārif 1957: Das mit einem Vorwort von Ṭaha Ḥusain (gest. 1973) eingeleitete Buch enthält eine Lebensbeschreibung und Artikel seines Bruders, der besonders aufgrund seiner Studien zur islamischen Philosophie innerhalb und außerhalb der Azhar-Universität eine große Bedeutung erlangt hat;
Aufsätze von ʿAlī ʿAbd ar-Rāziq, die er in der Zeit seiner Suspendierung, aber auch danach in verschiedenen Zeitungen und Zeitschriften veröffentlichte, darunter in „As-siyāsa" und „Al-waṭan" (Die Heimat; eine koptische Zeitung in Ägypten).

2. „Der Islam und die Grundlagen der Herrschaft": Das Werk und seine Wirkung

ʿAlī ʿAbd ar-Rāziqs Hauptwerk – eine Schrift in einem Umfang von lediglich 103 Seiten – erschien zum ersten Mal im Jahre 1925 im Verlag „Maṭbaʿat miṣr". Zwei weitere Ausgaben folgten im gleichen Jahr. Das Buch wurde vom Verfasser im April 1925 (vgl. das Vorwort in der dritten Ausgabe) zur Drucklegung freigegeben. Es trägt den Untertitel „Eine Studie zum Kalifat und zur Regierung im Islam" (Baḥṯ fi-l-ḫilāfa wa-l-ḥukūma fi-l-islām). Da es aufgrund der noch zu besprechenden Entscheidung der Azhar auf den Index gesetzt wurde, dauerte es eine relativ lange Zeit, bis es erneut veröffentlicht werden konnte. Zu Lebzeiten lehnte der Autor eine Neuauflage ab. Im Jahre 1971 druckte die linksorientierte ägyptische Monatszeitschrift „Aṭ-ṭalīʿa" (Die Avantgarde) das Buch (allerdings ohne Inhaltsverzeichnis, Register und Literaturverzeichnis) in ihrer Ausgabe vom November 1971 ab. Dieser Neudruck wurde durch eine Einleitung von Muḥammad ʿImmāra ergänzt.[6] Im Jahre 2005 erschien die Schrift im Verlag at-Takwīn (Bairūt), erweitert durch die Erwiderung von ʿAlī ʿAbd ar-Rāziq auf die Vorwürfe der Untersuchungskommission der Azhar zu diesem Buch. Einige Übersetzungen in europäische Sprachen liegen bislang vor, so ins Französische (L'Islam et les fondements du pouvoir: nouvelle traduction et introduction de Abdou Filali-Ansary. Paris: Éd. La Découverte 1994), ins Spanische (El Islam y los fundamentos del poder: estudio sobre el Califato y el gobierno en el Islam.

---

6 ʿImmāra, M., Aš-Šaiḫ ʿAlī ʿAbd ar-Rāziq. Maʿraka fikrīya (Eine geistige Schlacht). In: Aṭ-ṭalīʿa. Kairo November 1971, S. 90-111. Der Text des Buches – basierend auf der Ausgabe von 1925 – findet sich auf S. 137-160.

Trad., introd. y notas de J. A. Pacheco. Granada: Ed. Univ. de Granada 2007) und ins Italienische (L'Islam e le basi del potere: [a cura di E. Panetta]. Firenze: Sansoni 1960). Die Übersetzung in diesem Buch folgt dem arabischen Text von 1925. Es wurde versucht, eine möglichst genaue Übertragung unter Berücksichtigung der islamischen Stilelemente anzubieten. Insofern wurde nur an einzelnen Stellen – so im Hinblick auf die arabische Dichtung – auf eine wortwörtliche Übersetzung verzichtet. Unklare Stellen, Ungenauigkeiten im arabischen Text und interpretationsbedürftige Aussagen sind in den Fußnoten gekennzeichnet und mit Erläuterungen versehen.[7]

Wie kaum ein anderes Werk in Ägypten der Neuzeit hat „Der Islam und die Grundlagen der Herrschaft" eine heftige Reaktion in der ägyptischen und nichtägyptischen arabischen Öffentlichkeit ausgelöst. Historischer Hintergrund war die Abschaffung des Kalifats der Osmanen durch Mustafa Kemal mit Beschluss der sog. Großen Türkischen Nationalversammlung vom 3.3.1924.[8] Damit endete eine Epoche, die in der Geschichtsschreibung der sunnitischen Muslime nicht selten idealisierend als eine kontinuierliche Abfolge von Kalifen als Nachfolger des Gesandten Gottes (rasūl Allah) seit Abū Bakr aṣ-Ṣiddīq (gest. 634) wahrgenommen wurde und wird. Längst hatte sich auch in der arabischen Welt der vom Westen transportierte Gedanke des Nationalstaates verbreitet, ohne indes die Fiktion einer einheitlichen islamischen Gemeinschaft mit einer zentralen Führung in Gestalt des Kalifen vollkommen zu verdrängen.[9] Das durch die Verfassung von Ägypten im Jahre 1923 und die zuvor verfasste Unabhängigkeitserklärung vom 28.2.1922 entstandene Königsregime unter Fu'ād I. (gest. 1936) sah in der Abschaffung des Kalifats einerseits eine Bedrohung der eigenen Herrschaft und die Gefahr einer ägyptischen Republik, andererseits die Chance, das Kalifat von Ägypten aus wieder zu beleben. Diese Hoffnungen sollten sich jedoch recht schnell als unrealisierbar herausstellen. Neben dem Königshaus und der sie stützenden Unionspartei (ḥizb al-ittiḥād) war insbesondere ein Teil der hohen islamischen Rechts- und Religionsgelehrten (ʿulamā') über die möglichen Folgen aus den Gedanken ʿAlī ʿAbd ar-Rāziqs für die eigene Rolle in der Gesellschaft besorgt. Rašīd Riḍā (gest. 1935) veröffentlichte in seiner von ihm begründeten

---

7 Weitere Bemerkungen zur Übersetzung sind in den Fußnoten zu einzelnen Textstellen enthalten.

8 Werner, E., Markov, W., Geschichte der Türken. Von den Anfängen bis zur Gegenwart. Berlin 1978, S. 251.

9 Vgl. zum Umfeld der Auseinandersetzungen um die Schrift von ʿAlī ʿAbd ar-Rāziq: Hatina, M., To the margins of consensus: the call to separate religion and state in modern Egypt. In: Middle Eastern Studies, London 36(January 2000)1, S. 39-42, Gershoni, I., Jankowsky, J. P., Egypt, Islam, and the Arabs. The Search for Egyptian Nationhood, 1900-1930. Oxford 1986, S. 55-76, Meier, A., Der politische Auftrag des Islam. Programme und Kritik zwischen Fundamentalismus und Reformen. Originalstimmen aus der islamischen Welt. Wuppertal 1994, S. 106-114 (mit einigen übersetzten Auszügen; S. 109-114).

Zeitschrift „Al-manār“ Aufsätze gegen den Inhalt und die Intention des Buches „Der Islam und die Grundlagen der Herrschaft“.[10] Ebenso ablehnend äußerte sich der tunesische Gelehrte Muḥammad al-Ḫiḍr Ḥusain (gest. 1958) in seiner Schrift „Die Widerlegung des Buches <Der Islam und die Grundlagen der Herrschaft>“ (Naqḍ kitāb al-islām wa-uṣūl al-ḥukm).[11] Das Gremium der höchsten islamischen Gelehrten (hai'at kibār al-'ulamā') der Azhar-Universität von Kairo unter dem Azhar-Šaiḫ Muḥammad Abū al-Faḍl al-Ǧīzāwī (gest. 1927) wurde am 12.8.1925 einberufen, um auf der Grundlage des Art. 101 des Gesetzes Nr. 10 von 1911 eine Anhörung von 'Alī 'Abd ar-Rāziq zu seinem Buch vorzunehmen, ihn entsprechend aus dem Lehrkörper der Azhar zu entlassen und ihn mit Berufsverbot im Öffentlichen Dienst zu belegen.[12] Es wurden insgesamt sieben „Anklagepunkte“ gegen 'Alī 'Abd ar-Rāziq vorgebracht:
Er habe behauptet, dass die islamische Scharia nur ein geistliches Gesetz ohne Beziehung zur Herrschaft und Durchführung der weltlichen Dinge sei;
Dass die Religion nicht verbiete, den Kampf (ǧihād) des Propheten als Kampf für das Königtum, nicht aber für die Religion und die Verbreitung der religiösen Botschaft an die Menschen zu betrachten;
Dass das Regierungssystem in der Zeit des Propheten ungewiss, unklar, ungeordnet und defizitär gewesen sei und zur Verwirrung führte;
Dass die Aufgabe des Propheten darin bestanden habe, nur die Scharia, nicht aber die Herrschaft und die Durchführung zu übermitteln;
Er habe den Konsens der Prophetengefährten geleugnet, dem die Bestellung eines Imams obliege. Eine solche Person sei für die Gemeinschaft (umma) notwendig, um sich für deren religiöse und weltliche Angelegenheiten einzusetzen;
Er habe die Gerichtsbarkeit als eine religiöse Aufgabe geleugnet und
Er habe behauptet, dass die Regierung von Abū Bakr und der folgenden rechtgeleiteten Kalifen keine religiöse gewesen sei.[13]
Nicht alle religiösen Gelehrten unterstützten diese Entscheidung des höchsten Azhar-Gremiums. Während einige dadurch eine erneute Wahl eines Kalifen erschwert sahen, forderten andere das Recht auf freie Meinungsäußerung. Einige

---

[10] Zur Rolle von Rašīd Riḍā vgl. Adams, Ch. C., Islam and Modernism in Egypt. London 1933, S. 177-268. Zu den Schriften gegen das Buch von 'Alī 'Abd ar-Rāziq vgl. 'Immāra, M. in seinem Kommentar in „Aṭ-ṭalī'a“, a.a.O., November 1971, S. 93 (im Folgenden: 'Immāra 1971), dgl., Al-islām wa-uṣūl al-ḥukm li-'Alī 'Abd ar-Rāziq. Dirāsa wa-waṯā'iq. Bairūt 1988 sowie die darauf basierende Internet-Ausgabe (Kairo 2000), S. 17 unter der URL: http://www.al-mostafa.com/search1.php (zuletzt abgerufen: 7.9.2009).

[11] Veröffentlicht in Kairo 1926. Vgl. 'Immāra 1971, S. 99-100, dgl. 2000, S. 19-20.

[12] Vgl. den Gesetzestext (Art. 101) zur Azhar-Moschee und zu den islamisch-wissenschaftlichen Instituten Nr. 10/1911 (i.d.F. des Gesetzes Nr. 24/1923) in: Qānūn al-ǧāmi' al-Azhar wa-l-ma'āhid ad-dīnīya al-'ilmīya al-islāmīya. Kairo: Al-maṭba'a al-amīrīya 1924, S. 64. Vgl. Fn. 80.

[13] 'Immāra 1971, S. 100, dgl. 2000, S. 21. Zu den Dokumenten, Briefen, Beschlüssen, Diskussionen und Meinungsäußerungen im Verfahren siehe 'Immāra 2000, S. 53-110.

prominente ägyptische Intellektuelle unterschiedlicher politischer und religiöser Couleur äußerten sich kritisch zum Azhar-Beschluss. Eine kurze Mitteilung zum Erscheinen des Buches von ʿAlī ʿAbd ar-Rāziq in der Zeitschrift „Al-muqtaṭaf" unter der Rubrik „Lob und Kritik" (aṭ-taqrīẓ wa-l-intiqād) deutet auf die Brisanz des Themas unter Bezugnahme auf Muḥammad ʿAbduh hin.[14] Muḥammad Ḥusain Haikal (gest. 1956)[15] und Salāma Mūsā (gest. 1958)[16] kritisierten den Beschluss, konnten jedoch das Verdikt nicht verhindern. Immerhin gelang es, Ṭaha Ḥusain (gest. 1973) vor einer ähnlichen Verurteilung für sein 1927 erschienenes Buch über die vorislamische Literatur zu bewahren. Auch konservative Intellektuelle und Politiker erkannten im Azhar-Urteil eine Verletzung verfassungsmäßiger Grundsätze und politischer Freiheiten. Die englische Regierung reagierte zögerlich und stellte sich in diesem Konflikt aus Angst vor Einflussverlust nicht konsequent auf die Seite der Liberalen. Dies sei ein religiöser, kein verfassungsmäßiger oder politischer Konflikt.[17] Großmachtinteressen verhinderten – wie bei anderen Auseinandersetzungen bis in die Gegenwart – eine notwendige eindeutige Stellungnahme zur Meinungsfreiheit. Die Überlagerung unterschiedlicher Konzeptionen gesellschaftlicher Entwicklung lässt sich in der Reaktion auf die Schrift von ʿAlī ʿAbd ar-Rāziq anschaulich nachvollziehen. Ein orthodoxer Reformislam, der sich in der Bewegung der Muslimbrüder seit 1928 unter Ḥasan al-Bannā (gest. 1949) neu formierte stieß auf nationale, später nasseristische und säkulare Gesellschaftsvorstellungen.

3. Die Bedeutung des Werkes in heutiger Zeit

Die Schaffung von Nationalstaaten in der arabischen Welt nach dem 2. Weltkrieg hat die letzten Träume von der Wiederbelegung eines Kalifats unter arabischer Dominanz sehr schnell zerplatzen lassen. Die weltpolitischen Konflikte zwischen Ost und West haben auch die Region des Vorderen Orients und Nordafrikas unmittelbar einbezogen und deren Gesellschaftsmodelle verbreitet. Auf der einen Seite zeigte sich vor allem in den auf Nationalismus, Sozialismus und Panarabismus (Nasserismus, Baʿṯ-Bewegung u.a.) orientierten Ländern – so auch in Ägypten – objektiv eine säkularistische Tendenz, d.h. eine mehr oder weniger geförderte Trennung von Staat und Religion und damit das Aufbrechen einer bis dahin weitgehend unkritischen Sicht auf den Islam als Verkörperung einer Religion *und* eines Staates (dīn wa-daula). ʿAlī ʿAbd ar-Rāziq hat diesen Gedanken in seiner Schrift befördert. Ḫālid Muḥmmad Ḫālid (gest. 1996), eben-

---

14 Al-muqtaṭaf. Kairo August 1925, S. 332-333.

15 Zur Auseinandersetzung um das Buch vgl. weiterführend Johansen, B., Muḥammad Ḥusain Haikal. Europa und der Orient im Weltbild eines ägyptischen Liberalen. Beirut 1967, S. 89-95.

16 ʿImmāra 1971, S. 102, dgl. 2000, S. 24-25.

17 ʿImmāra 1971, S. 106-109, dgl. 2000, S. 35-40.

falls Azhar-Absolvent, setzte mit seinem oft verlegten Werk „Von hier aus beginnen wir" (Min hunā nabda')[18] im Jahre 1950 einen weiteren Meilenstein dieser Entwicklung, die sich auch im Nasserismus äußerte. Weder ʿAlī ʿAbd ar-Rāziq noch Ḫālid Muḥammad Ḫālid greifen indes auf die arabischen Termini für Säkularisierung (ʿalmana) oder Säkularismus (ʿalmānīya) zurück, die in einer breiten Öffentlichkeit als pejorativ und antireligiös begriffen werden.[19] In den 80er Jahren des 20. Jh. wurde mit dem Erstarken einer islamischen oder (im politischen Kontext) islamistischen Bewegung auch in Ägypten die Frage aufgeworfen, inwieweit eine Trennung von Religion und Staat zulässig sei und in welchem Maße der Gesetzgeber auf das Islamische Recht zurückgreifen müsse. Die Änderung des Art. 2 der ägyptischen Verfassung am 22.5.1980, wonach „die Prinzipien der islamischen Scharia *die* Hauptquelle der Gesetzgebung" [20] sein sollen, hat jedoch nicht zu einer umfassenden Islamisierung des Rechts geführt, wohl aber den Eindruck einer „äußerlichen" Islamisierung verstärkt. Gesellschaftliche Lösungen auf der Grundlage islamischer Prinzipien wurden und werden auch von solchen Intellektuellen aufgegriffen, die in ʿAlī ʿAbd ar-Rāziqs Schrift zunächst nur den objektiv-säkularen Ansatz sahen.[21] Der scharfe Kontrast zwischen Islamisten und Säkularisten[22] überstrahlt bisweilen die Versuche, islamische Identität und „zivile" Regierung miteinander zu verbinden, durchaus im Sinne von „Der Islam und die Grundlagen der Herrschaft". Der ägyptische Jurist Muḥammad al-ʿAšmāwī hat diesen Ansatz in seinen Schriften verfolgt und damit ʿAlī ʿAbd ar-Rāziqs Gedanken erweitert und aktualisiert.[23] Das Ende des Kalifats bedeutet natürlich kein Ende einer möglichen Zusammenarbeit islamischer Länder in den verschiedenen gesellschaftlichen Bereichen. Die 1969 in Marokko zur „Befreiung Jerusalems" gegründete „Organisation der Islami-

---

18 Muḥammad Ḫālid, Ḫ., Min hunā nabda'. Kairo 10. Aufl. 1963.

19 Vgl. Ebert, H.-G., Die Interdependenz von Staat, Verfassung und Islam im Nahen und Mittleren Osten in der Gegenwart. Frankfurt am Main, Bern, New York, Paris 1991, S. 78-82.

20 Dazu ausführlich: Lombardi, Cl. B., State Law as Islamic Law in Modern Egypt. The Incorporating of the Sharīʿa into Egyptian Constitutional Law. Leiden, Boston 2006, S. 141-269.

21 Es ist daher nicht unlogisch, dass Autoren wie M. ʿImmāra oder Ḫālid Muḥammad Ḫālid auf Distanz zu ihren früheren Schriften gegangen sind, nicht zuletzt auch in Bezug auf das Werk von ʿAlī ʿAbd ar-Rāziq.

22 Der im Jahre 1992 ermordete Publizist Farağ Fūda sei stellvertretend für die „Säkularisten", Muḥammad al-Ġazālī (gest. 1996) und Yūsuf al-Qaraḍāwī für die „Islamisten" genannt. Vgl. zum diesbezüglichen Konflikt u.a. Krämer, G., Islam, Menschenrecht und Demokratie. In: Zunker, A. (Hrsg.), Weltordnung oder Chaos? Beiträge zur internationalen Politik, Baden-Baden 1993, S. 331-346, Flores, A., Secularism, Integralism and Political Islam. In: Middle East Report, Washington, DC 23(1993)4, S. 32-38.

23 Vgl. seine Schrift Uṣūl aš-šarīʿa. Bairūt 1983, 2. Aufl. Zur konkreten Umsetzung in Ägypten: Shepard, W. E., Muhammad Saʿid al-ʿAshmawi and the Application of the Shariʿa in Egypt. In: International Journal of Middle East Studies, Cambridge 28/1996, S. 39-58.

schen Konferenz“, der gegenwärtig 57 Staaten angehören, versteht sich heute als Sprachrohr der islamischen Welt.[24] Obgleich der eigentliche Anlass für die Schrift von ʿAlī ʿAbd ar-Rāziq, die Abschaffung des Kalifats, in der heutigen Zeit kaum noch als Gegenstand eines intellektuellen Diskurses wahrgenommen wird, spielt „Der Islam und die Grundlagen der Herrschaft“ nach wie vor eine wichtige Rolle in den aktuellen Auseinandersetzungen um das Verhältnis von Islam und Politik[25], um Fragen der Menschenrechte, der Gleichheit zwischen den Geschlechtern und der in der islamischen Welt oft als negativ empfundenen Globalisierung (ʿaulama). Die Antworten, Vorschläge und Denkanstöße, die ʿAlī ʿAbd ar-Rāziq vermittelt, können dazu beitragen, die Länder der islamischen Welt zu befähigen, den Herausforderungen des 21. Jh. durch einen zeitgemäßen und produktiven Umgang mit dem reichen islamischen Erbe zu begegnen.

[24] Vgl. die URL http://www.oic-oci.org/ (zuletzt abgerufen: 12.8.2009).

[25] Vgl. auch die jüngste Veröffentlichung zum Werk von ʿAlī ʿAbd ar-Rāziq: Ali, S. T., A Religion, Not a State: Ali Abd al-Raziq's Islamic Justification of Political Secularism. Salt Lake City 2009. Grundlage ist eine bereits im Jahre 2004 vorgelegte Arbeit des Autors zum Thema: ʿAli ʿAbd al-Raziq's al-Islam wa usul al-Hukm: a modern, liberal development of Muslim thought.

Der Islam und die Grundlagen der Herrschaft
Eine Studie zum Kalifat und zur Regierung im Islam

I. Die Themen des Buches[26]

Erstes Buch: Kalifat und Islam

Erstes Kapitel: Das Wesen des Kalifats

Zweites Kapitel: Die Bestimmungen zum Kalifat

[26] Die Seitenzahlen beziehen sich auf den übersetzten Text und sind daher nicht mit dem arabischen Original identisch.

II. Register

Namen der im Buch erwähnten Personen und Orte[27]

A

[27] Das im Original enthaltene Personen- und Ortsregister ist nach dem arabischen Alphabet gegliedert. Um für den deutschsprachigen Leser ein Auffinden zu erleichtern, wurde das Register entsprechend dem lateinischen Alphabet umgearbeitet. Dabei wird der Artikel al- (auch in assimilierter Form) dem jeweiligen Wort nachgestellt. Personennamen werden entsprechend der Originalvorlage z.T. sowohl über den Familiennamen als auch über den Vornamen (bzw. nach dem arabischen System) mehrfach erfasst. Die Seitenzahlen und die Nummern der Fußnoten beziehen sich auf die Übersetzung, nicht auf das arabische Original.

[28] Im Original fälschlicherweise „Johon Lcke“.

III. Literaturverzeichnis

1) Al-mufradāt fī ġarīb al-qur’ān (Die unüblichen und fremden Wörter des Koran)
2) Ǧauharat at-tauḥīd und seine Kommentare (Das Juwel des Monotheismus)
3) Risālat at-tauḥīd von Muḥammad ‘Abduh (Die Botschaft des Monotheismus)
4) Ṭawāli‘ al-anwār und seine Kommentare (Die Ausgangspunkte der Lichter)
5) Maqāṣid aṭ-ṭālibīn (Die Intentionen der Suchenden)
6) Al-‘aqā’id an-nasafīya und seine Kommentare (Die Glaubenslehren von an-Nasafī)
7) Al-qaul al-mufīd ‘alā ar-risāla al-musammat wasīlat al-‘abīd fī ‘ilm at-tauḥīd von Šaiḫ Muḥammad Baḫīt (Das vorteilhafte Wort zu dem so genannten Buch: Die Methode der Diener <Gottes> für die islamische Theologie)
8) Al-mawāqif und seine Kommentare (Die Situationen)
9) Ar-risāla aš-šamsīya fī ‘ilm al-manṭiq und seine Kommentare (Die sonnige Botschaft in der Logikwissenschaft)
10) Muqaddimat Ibn Ḫaldūn (Die Einführung von Ibn Ḫaldūn)
11) Tārīḫ Abī al-Fidā’ (Das Geschichtsbuch von Abū al-Fidā’)
12) Al-fawā’id al-bahīya fī tarāǧim al-ḥanafīya (Die prächtigen Vorteile in den Biografien der Ḥanafiten)
13) Fawāt al-wafīyāt (Die Geschichten von Todesfällen)
14) Tārīḫ at-tašrī‘ al-islāmī von Muḥammad Bey al-Ḫuḍarī (Die Geschichte der islamischen Gesetzgebung)
15) Tārīḫ al-ḫulafā’ (Die Geschichte der Kalifen)
16) Nihāyat al-īǧāz fī sīrat sākin al-ḥiǧāz (Die maximale Zusammenfassung der Einwohnergeschichte des Ḥiǧāz)
17) As-sīra an-nabawīya (Die Biografie des Propheten)
18) As-sīra al-ḥalabīya (Die Prophetenbiografie von al-Ḥalabī)
19) Tārīḫ aṭ-Ṭabarī (Das Geschichtsbuch von aṭ-Ṭabarī)
20) Iktifā’ al-qanū‘ bimā huwa maṭbū‘ (Die Beschränkung auf das Genügsame)
21) Al-badā’i‘ fī uṣūl aš-šarā’i‘ (Die Wunder in den Grundlagen des Rechts)

22) Al-faṣl fī al-milal wa-l-ahwā' wa-n-niḥal (Die Unterscheidung zwischen Religionen, auf Gutdünken beruhenden Meinungen und Sekten)
23) Kašf al-asrār von al-Bazdawī (Die Aufdeckung der Geheimnisse)
24) Iršād al-fuḥūl ilā taḥqīq al-ḥaqq min 'ilm al-uṣūl (Die Rechtleitung der Großgelehrten zur Realisierung der Wahrheit in der Rechtsquellenlehre)
25) Taisīr al-wuṣūl ilā al-ǧāmi' al-uṣūl (Die Erleichterung des Weges zu den Grundlagen)
26) Al-'iqd al-farīd von Ibn 'Abd Rabbuh (Die einzigartige Kette)
27) Der Dīwān von al-Farazdaq
28) Al-aġānī (Die Lieder)
29) Al-kāmil von al-Mubarrid (Das vollständige Werk von al-Mubarrid)
30) Al-ḫilāfa au al-imāma al-'uẓmā von Muḥammad Rašīd Riḍā (Das Kalifat oder das große Imamat)
31) Al-ḫilāfa wa-sulṭat al-umma. Ta'rīb 'Abd al-Ġanī Sanī Bek (Das Kalifat und die Macht der umma, <aus dem Türkischen> ins Arabische von 'Abd al-Ġanī Sanī Bek)
32) A Student's History of Philosophy, by Arthur Kenyon Roger
33) The Khilafet, by Professor Mohamad Barakatullah (maulavie) of Bhopal. India
34) The Khalifate, by Sir Thomas Arnold
35) Dazu weitere Bücher zur Koraninterpretation, zu Prophetenüberlieferungen, zum fiqh, zu Rechtsmethoden, zum Monotheismus und zu Rechtsentscheidungen des Herrschers sowie Reden und Aufsätze, wovon viele in arabischen und ausländischen Zeitungen erschienen sind.

IV. Vorwort des Autors

Im Namen Gottes, des Erbarmers, des Barmherzigen

Ich bezeuge, dass es keinen Gott gibt außer Allah. Ich diene keinem außer Ihm und Ihn allein fürchte ich. Ihm allein gehört die Allmächtigkeit und Erhabenheit, alles andere ist schwach und demütig. Ihm gehört der Dank im Diesseits und Jenseits. Er genügt mir und Er ist der beste Vertraute. Und ich bezeuge, dass Muḥammad der Gesandte Gottes ist. Gott sandte ihn als Zeugen, Überbringer einer frohen Botschaft, Warner, als denjenigen, der die Menschen zu Gott mit Seiner Erlaubnis aufruft, und als ein leuchtendes Licht. Gott und seine Engel mögen ihn segnen und ihm immer mehr Frieden schenken.

1333 (h.)[29], 1915 n.Ch. übernahm ich eine Richterstelle in der ägyptischen religiösen Gerichtsbarkeit. Dies lieferte mir den Anlass, die Geschichte der reli-

[29] Islamische Zeitrechnung.

giösen Gerichtsbarkeit zu erforschen. Die Gerichtsbarkeit in all ihren Formen ist ein Teil der Regierung. Die Geschichte der einen ist mit der der anderen fest verbunden. Genauso ist die religiöse Gerichtsbarkeit eine der Säulen bzw. Abteilungen der islamischen Regierung. Daher hat derjenige, der die Geschichte dieser Gerichtsbarkeit erforscht, mit dem Studium ihrer ersten Säule zu beginnen, nämlich mit der Regierung im Islam.

Die Basis jeder Herrschaft im Islam ist das Kalifat bzw. das so genannte Große Imamat. Ausgehend davon muss es erforscht werden.

Mit der Erforschung dieser Dinge habe ich seit einigen Jahren begonnen. Allerdings bin ich immer noch in den ersten Forschungsphasen. Mit großer Mühe habe ich lediglich diese Papiere erstellt, die ich den Interessenten voller Ehrfurcht vorlege. Sie gelten nur als eine Einführung in die Erforschung der Geschichte der Gerichtsbarkeit und umfassen alles, was ich zum Kalifat und zur Herrschaftstheorie im Islam finden konnte. Damit behaupte ich nicht, dass ich dabei alle Seiten dieser Studie erfasst habe. Ferner konnte ich an vielen Stellen eine allgemeine Darstellung nicht vermeiden. Zudem habe ich mich manchmal mit Hinweisen begnügt, deren Sinn einigen Lesern möglicherweise verborgen bleibt, mit Andeutungen, deren Bedeutung ihnen entgehen kann, mit Anspielungen, die ihnen rätselhaft vorkommen mögen, mit Metaphern, die sie vielleicht wörtlich nehmen oder wiederum mit echten Bedeutungen, die sie möglicherweise als Metapher verstehen.

Ich kann nur hoffen, die in diesen Papieren von mir erkannten Mängel zu berichtigen, wenn Allah mir die Weiterführung dieser Studie ermöglicht. Ansonsten habe ich damit den Forschern wenigstens eine Spur hinterlassen, in der sie hoffentlich eine gewisse Ernsthaftigkeit in aller Offenheit und ohne Schmeichelei finden werden. Hoffentlich finden sie darin eine geeignete Basis für denjenigen, der darauf bauen will, und klare Wegzeichen, die den Suchenden zur Wahrheit führen.

Diese Papiere sind die Frucht einer Arbeit, für die ich mich mit all meinen Kräften eingesetzt und viele Jahre aufgewendet habe. Es waren Jahre mit dauerhaften schwierigen Situationen, mit aufeinanderfolgenden Beschäftigungen, geprägt von unterschiedlichen Sorgen und angefüllt mit Schmerzen. Wenn ich einen Tag arbeiten konnte, haben mich danach die Vorkommisse für mehrere Tage abgelenkt. Wenn ich einen Monat arbeiten konnte, war ich einige Jahre lang verhindert. Deshalb ist es kein Wunder, dass diese Arbeit die von mir gewollte Vollkommenheit sowie die notwendige Genauigkeit nicht erreicht hat. Allerdings ist sie auf alle Fälle das Höchste, was ich an Forschungsarbeit leisten konnte und alles, was meine Seele zu leisten vermag. „Allah fordert von keiner

Seele etwas über das hinaus, was sie zu leisten vermag. Ihr wird zuteil, was sie erworben hat, und über sie kommt, was sie sich zuschulden kommen lässt. Unser Herr, mache uns nicht zum Vorwurf, wenn wir (etwas) vergessen oder Fehler begehen. Unser Herr, und erlege uns keine Bürde auf, so wie Du sie jenen auferlegt hast, die vor uns waren. Unser Herr, und lade uns nichts auf, wofür wir keine Kraft haben. Und verzeihe uns und vergib uns und erbarme Dich unser. Du bist unser Beschützer. So hilf uns gegen das Volk der Ungläubigen!“[30]

ʿAlī ʿAbd ar-Rāziq
Al-Manṣūra am Mittwoch, dem 7. Ramaḍān 1343 h., entspricht dem 1.4.1925.

[30] Es handelt sich um den Koranvers 286, Sure 2, allerdings ohne direkten Verweis auf die Quelle im Original. Im Folgenden werden die Koranverse in der Form Sure:Vers, also in diesem Falle 2:286 dargestellt. Die Übersetzung folgt aus stilistischen Gründen der Ausgabe: Der Koran. Arabisch-Deutsch. Aus dem Arabischen von M. Henning. Überarbeitung und Einleitung von M. W. Hofmann. 3. Aufl. Istanbul 2002. Dabei wird die Kairiner Verszählung – sofern nicht anders angegeben – berücksichtigt. Vgl. Fn. 96.

Text des Buches

Erstes Buch: Kalifat und Islam

Erstes Kapitel: Das Wesen des Kalifats

1) Das Kalifat ist im allgemeinen Sprachgebrauch ein Infinitiv des arabischen Verbs taḫallafa, im Sinne von „nach jemandem später kommen bzw. ihn vertreten“. Es wird auch gesagt: ḫalafa, wenn jemand etwas für eine andere Person übernimmt, entweder gleichzeitig oder nachzeitlich. Der Erhabene[31] sagt: „Und wenn Wir es wollten, könnten Wir aus euren Reihen Engel hervorgehen lassen, (um euch) auf Erden zu ersetzen“[32]. Ḫilāfa (Kalifat) ist die Vertretung einer anderen Person aufgrund von Abwesenheit, Tod, Behinderung usw. des Vertretenen. Ḫalā'if (Nachfolger; Pl.) ist der Plural von ḫalīfa (Nachfolger). Ḫulafā' (Nachfolger) ist der Plural von ḫalīf (Nachfolger)[33]. Der Kalif ist der höchste Machthaber (sulṭān)[34].

2) Das Kalifat, das in der Sprache der Muslime als ein Synonym für Imamat gilt, bedeutet „eine Oberaufsicht sowohl in religiösen als auch weltlichen Angelegenheiten als Vertretung für den Propheten (Gotte segne ihn und schenke ihm Heil)“[35]. Al-Baiḍāwī[36] führt eine ähnliche Definition an: „Das Imamat ist eine Vertretung des Propheten (Gotte segne ihn und schenke ihm Heil) durch eine Person bei der Durchführung von islamischen Gesetzen sowie bei der Bewahrung der Religion in einer Weise, der die gesamte islamische Gemeinschaft (umma) zu folgen hat“[37]. Eine Erklärung hierfür liefert die Aussage von Ibn

---

[31] Damit ist Gott gemeint.

[32] Koran 43:60.

[33] Siehe Al-mufradāt fī ġarīb al-qur'ān (Die unüblichen und fremden Wörter des Koran) von al-Iṣfahānī. Diese Fußnote ist im Original eingefügt. Im Folgenden werden solche Fußnoten mit (Fn.-Rāziq) gekennzeichnet. Anmerkungen der Übersetzer ergänzen in einigen Fällen diese Originalfußnoten. Einfügungen der Übersetzer in diese Fußnoten werden durch <Übers.> markiert. Eingedeutschte arabischsprachige Begriffe und Namen (z.B. Koran, Gabriel) werden – soweit dies im Text nicht zu Unklarheiten führt – nicht in Umschrift dargestellt.

[34] Siehe u.a. al-Qāmūs und aṣ-Ṣiḥāḥ (Fn.-Rāziq).

[35] Siehe 'Abd as-Salām fī ḥāšiyatihi ʿalā al-Ǧauhara ('Abd as-Salāms Kommentar zum Werk al-Ǧauhara), S. 242 (Fn.-Rāziq).

[36] Nāṣir ad-Dīn Abū Sa'īd ʿAbdullah b. ʿUmar b. Muḥammad aš-Šīrāzī al-Baiḍāwī (gest. 791 h.); (Fn.-Rāziq).

[37] Siehe Maṭāliʿ al-anẓār ʿalā ṭawāliʿ al-anwār (Sehnsüchtige Blicke zu den Ausgangspunkten der Lichter); (Fn.-Rāziq).

Ḫaldūn[38]: „Das Kalifat bedeutet die Führung aller Menschen in ihren jenseitigen sowie den darauf zurückzuführenden weltlichen Interessen entsprechend den islamisch-rechtlichen Vorschriften. Denn die weltlichen Angelegenheiten hängen in ihrer Bewertung laut dem Islamischen Gesetz sämtlich von den jenseitigen ab. In diesem Sinne ist das Kalifat tatsächlich eine Nachfolgerschaft desjenigen, der über das Islamische Gesetz befindet zur Wahrung der Religion und zur Leitung des irdischen Lebens gemäß dieser Religion."[39]

3) Eine Erklärung hierfür ist, dass der Kalif für die Muslime in seinem Amt die Stellung des Propheten (Gott segne ihn und schenke ihm Heil) einnimmt. Der Prophet (Gott segne ihn und schenke ihm Heil) behütete nämlich zu seinen Lebzeiten die Religion, die er vom Erhabenen Allerheiligen[40] erhalten hat. Er übernahm die Durchführung bzw. Verteidigung der Religion, so wie der Prophet mit der Verkündigung der Religion und mit dem Aufruf an die Menschen, sich dieser Religion anzuschließen, von Gott beauftragt worden ist. Die Muslime sind der Ansicht, dass Gott den Propheten (Gott segne ihn und schenke ihm Heil) hervorgehoben hat und ihn für die Verbreitung der Wahrheit und zur Verkündung seines Heiligen Islamischen Rechts (Scharia[41]) unter der Schöpfung ausgewählt hat. Er hat ihn auch zur Bewahrung dieser Religion und zur Verwaltung des irdischen Lebens gemäß dieser Religion ausgewählt.[42] Als der Prophet[43] (Gott segne ihn und schenke ihm Heil) zu seinem Schöpfer zurückgekehrt war[44], nahmen die Kalifen nach ihm seine Stellung bei der Bewahrung der Religion und der Verwaltung des irdischen Lebens gemäß dieser Religion ein.

4) Derjenige, der diese Aufgabe übernahm, hieß „Kalif und Imam. Was seine Bezeichnung als Imam angeht, so wird er mit dem Vorbeter, dem es zu folgen und nachzuahmen gilt, verglichen. Nachfolger wird er genannt, weil er dem Propheten in seiner umma nachfolgt. Man kann allgemein Nachfolger oder Nachfolger des Gesandten Gottes sagen. Umstritten ist aber die Bezeichnung Nachfolger Gottes. Einige sind dafür, aber die Mehrheit ist dagegen[45]. Abū Bakr[46] verbot diesen Titel, als er damit benannt worden war. Er sagte dazu: Ich bin

---

38 Arabischer Historiker aus Tunis, gest. 1406, bekannt vor allem durch sein soziologisch orientiertes Werk Al-muqaddima (Die Einführung).

39 Muqaddimat Ibn Ḫaldūn, S. 180 (Fn.-Rāziq).

40 Damit ist Gott gemeint.

41 Arab. šarīʿa.

42 Muqaddimat Ibn Ḫaldūn, S. 181 (Fn.-Rāziq).

43 Im Original steht nur die Eulogie.

44 Im Original heißt es: „sich mit dem höchsten Gefährten vereinigt hat".

45 Dies ist eine Kurzform für ǧumhūr al-ʻulamā' (Mehrheit der Gelehrten), die die islamische Hauptrichtung darstellt. Synonyme Bezeichnungen dafür sind ahl as-sunna; ahl as-sunna wa-l-ǧamāʿa.

46 Erster Kalif nach Muḥammad, gest. 634.

nicht der Nachfolger Gottes, sondern der Nachfolger des Gesandten Gottes (Gott segne ihn und schenke ihm Heil)."[47]

5) Bei den Muslimen hat der Kalif innerhalb der umma den gleichen Rang wie der Gesandte Gottes (Gott segne ihn und schenke ihm Heil) unter den Gläubigen. Er hat die allgemeine Herrschaft über sie und ihm gebührt vollständiger Gehorsam und umfassende Macht. Er hat das Recht, ihre Religion zu bewahren, indem er unter ihnen die Verbote dieser Religion festlegt und ihre Gebote durchsetzt. Er hat zuvörderst das Recht, auch die Angelegenheiten ihres irdischen Lebens zu regeln. Die Muslime haben ihn in seiner ganzen Würde zu lieben, weil er der Vertreter des Gesandten Gottes (Gott segne ihn und schenke ihm Heil) ist. Bei den Muslimen gibt es keine ehrenhaftere Stellung als die des Gesandten Gottes (Gott segne ihn und schenke ihm Heil). Wer zu dieser Stellung aufsteigt, der hat die höchste Stufe erreicht, über die hinaus es für ein menschliches Geschöpf nichts mehr gibt. Sie müssen ihn wegen seiner Zuordnung zum Gesandten Gottes, weil er der Beschützer der Religion Gottes, ihr Bewacher und ihr vertrauenswürdiger Bewahrer ist, respektieren. Die Religion ist für die Muslime das Wertvollste, was sie in dieser Welt kennen. Wer die Verantwortung für die Religion übernimmt, ist für das Wertvollste und das Ehrenhafteste im Leben verantwortlich. Die Muslime müssen auf ihn hören und ihm „sowohl im Handeln als auch gedanklich"[48] gehorchen. Denn gegenüber den Imamen gehorsam zu sein, bedeutet Gehorsam gegenüber Gott; ihnen ungehorsam zu sein, ist gleichbedeutend mit Ungehorsam gegenüber Gott.[49]

Somit sind die Ratschläge des Imams und die Notwendigkeit, ihm zu gehorchen, eine zu erfüllende religiöse Pflicht und ein verbindlicher Befehl. Der Glaube ist nur dann vollständig und die Unterwerfung unter Gottes Willen (Islam) nur dann fest verankert, wenn dies gegeben ist.[50]

Zusammenfassend lässt sich sagen, dass der Herrscher (sulṭān) der Nachfolger (Kalif) des Gesandten Gottes (Gott segne ihn und schenke ihm Heil) ist. Er ist auch der Schutz[51] Gottes in seinen Ländern[52] sowie sein über seine Diener

[47] Muqaddimat Ibn Ḫaldūn, S. 181 (Fn.-Rāziq).

[48] Ḥāšiyat al-Bāǧūrī ʿalā al-Ǧauhara (Al-Bāǧūrīs Kommentar zum Werk al-Ǧauhara); (Fn.-Rāziq).

[49] Die wird von Abū Huraira (Gott möge an ihm Wohlgefallen haben) überliefert. Siehe al-ʿiqd al-farīd (Die einzigartige Kette) von Ibn ʿAbd Rabbuh Bd. 1, S. 5, gedruckt in Maṭbaʿat aš-Šaiḫ ʿUṯmān ʿAbd ar-Rāziq in Kairo 1302 h. (Fn.-Rāziq).

[50] Auch (im Arabischen) minhu (Fn.-Rāziq).

[51] Al-Manṣūr sagte in einer Rede in Mekka: „O ihr Leute! Ich bin wahrlich der Sultan Gottes auf seiner Erde. Mit dem von ihm verliehenen Erfolg, seiner Lenkung und Unterstützung leite ich euch. Ich bin sein Wächter seines Geldes, mit dem ich nach seinem Willen bzw. seiner Willenskraft umgehe und das ich mit seiner Erlaubnis weitergebe. Denn Gott hat

ausgedehnter Schatten[53]. Wer Gottes Schatten über seine Diener und Nachfolger (Kalif) des Gesandten Gottes (Gott segne ihn und schenke ihm Heil) ist, ist in seiner Führung wie der Erhabene Gott und als sein edler Gesandter umfassend und uneingeschränkt. Es ist dann kein Wunder, dass er das Recht hat, über „die Personen[54], ihr Vermögen und ihre Angelegenheiten“[55] zu verfügen. Ihm allein stehen das Gebieten und das Verbieten zu, er allein hat die Zügel der umma in der Hand, er allein verfügt über das Recht auf die Verwaltung ihrer kleinen bzw. großen Angelegenheiten. Jede kleinere Führung ist von seiner Führung abgeleitet, jedes kleinere Amt ist seiner Macht angegliedert und jeder weltliche oder religiöse Plan geht auf sein Amt zurück, „weil das Kalifatsamt sowohl die Religion als auch die Welt umfasst“[56]. Das Kalifatsamt ist mit der Funktion des großen Imams und dem umfassenden Grundprinzip identisch. Beides ist vom Kalifat abgeleitet und ihm untergeordnet, weil das Kalifat eine umfassende Aufsicht über alles hat, über alle weltlichen bzw. religiösen Angelegenheiten verfügt und die islamisch-rechtlichen Vorschriften dabei uneingeschränkt durchführt[57].

Der Kalif hat keinen Teilhaber an seiner Herrschaft und keiner außer ihm hat Herrschaft über die Muslime. Es gilt nur eine Herrschaft, die sich aus der Stellung der Nachfolgerschaft und durch die Ermächtigung des Kalifen herleitet. Demnach sind die Statthalter im islamischen Staat sowie alle, die irgendwelche Verantwortung für eine weltliche oder religiöse Angelegenheit der Muslime im Bereich ihrer Religion als Minister, Richter, Statthalter, Marktaufseher o.a. übernehmen, Vertreter des Herrschers und seine Stellvertreter. Ihm allein steht die Entscheidung zu, sie auszuwählen, abzusetzen, sie mit der Statthalterschaft in gnädiger Weise zu beauftragen und ihnen so viel Macht zu geben, wie er es für richtig hält und bis zu dem Grade, den er bestimmt.

6) Die Definition des Kalifats durch die muslimischen Gelehrten sowie deren diesbezügliche Forschungen lassen möglicherweise erkennen, dass sie den Kali-

---

mich dafür wie ein Schloss gestaltet. Wenn er mich öffnen will, so öffnet er mich, damit ich euch davon gebe und eure von ihm vorherbestimmten Anteile (arab. arzāq) aufteile. Wenn er mich aber schließen will, so schließt er mich ...“ (vgl. Al-ʻiqd al-farīd <Die einzigartige Kette>, Bd. 2, S. 179); (Fn.-Rāziq).

52 Gemeint ist die von Gott erschaffene Welt. Es wird damit angedeutet, dass alle Länder Gott gehören.

53 Eine Metapher für Schutz.

54 Arab. riqāb an-nās (Hälse der Menschen). Der Hals wird im Arabischen als Metapher sowohl für einen Sklaven als auch für einen Freien im Sinne einer Person verwendet. Das Verfügen darüber bezieht sich auf Leben und Tod einer Person.

55 Ṭawāliʻ al-anwār wa-šarḥuhu maṭāliʻ al-anẓār (Die Ausgangspunkte der Lichter und sein Kommentar *Die Aufstiegsstellen der Betrachtungen*), S. 470 (Fn.-Rāziq).

56 Ibn Ḫaldūn, S. 223 (Fn.-Rāziq).

57 Ibn Ḫaldūn, S. 207 (Fn.-Rāziq).

fen in seiner Macht als an die Grenzen des Islamischen Gesetzes, die er nicht überschreiten darf, gebunden betrachteten. Er ist gewiss dazu aufgefordert, mit den Muslimen nur einen einzigen der vielen Pfade zu gehen. Dieser Pfad ist ohne Dunkelheit klar und ohne Unebenheit gerade. Das edle Islamische Recht hat seine Prinzipien und Ziele aufgezeigt, seine Merkmale festgelegt, seine Wege gebahnt, seine Straßen beleuchtet, die Stationen desjenigen, der den Weg Gottes beschreitet[58], bestimmt und die Schritte der Handelnden vereinheitlicht. So kann keiner darin irre gehen oder unglücklich sein, so kann sich der Kalif nicht vergreifen oder das Maß seiner Herrschaft übersteigen. Es ist der Pfad der islamischen Religion, die Muḥammad (Gott segne ihn und schenke ihm Heil) den Menschen eine Zeitepoche lang erklärt hatte. Dieser Pfad wird vom Edlen Koran, Muḥammads Überlieferung (Sunna) und dem Konsens der Muslime bestimmt.

Die muslimischen Gelehrten sind schon der Auffassung, dass der Kalif an die Bedingungen des Islamischen Gesetzes gebunden sei und dies genüge, den Kalifen unter Kontrolle zu halten, wenn er widerspenstig sein sollte, und seine Abweichung zu korrigieren, wenn zu befürchten ist, dass er abweicht. Einige muslimische Gelehrte sind der Ansicht, dass der Kalif abgesetzt werden müsse, wenn er ungerecht handelt oder ein ausschweifendes Leben führt.

7) Aus diesem Grunde haben die muslimischen Gelehrten zwischen dem Kalifat und dem Königtum unterschieden: „Das natürliche Königtum ist die Führung gegenüber allen Menschen nach eigenem Willen und Begierden. Während das politische Königtum die Führung gegenüber allen Menschen aufgrund der Vernunft zur Schaffung von weltlichem Nutzen und zur Vermeidung von Schaden bedeutet, ist das Kalifat die Führung gegenüber allen Menschen entsprechend den islamisch-rechtlichen Vorschriften...“[59]. Deshalb vertritt Ibn Ḫaldūn die Meinung, dass das reine Kalifat nur von seinem Beginn bis zum Ende der Epoche von ʿAlī[60] existierte. „Danach ist es zum Königtum geworden. Erhalten geblieben ist jedoch der Sinn des Kalifats, so das Streben nach der Religion und ihren Richtungen und das Handeln gemäß der Wahrheit. Die Wandlung zeigte sich im religiösen Gewissen. Später wandelte sich dies durch das Zusammengehörigkeitsgefühl (ʿaṣabīya) und das Schwert. Dies war so zu Zeiten von Muʿāwiya, Marwān und seinem Sohn ʿAbd al-Malik sowie in der Frühzeit der abbasidischen Kalifen bis hin zu ar-Rašīd[61] und einigen seiner Nachkommen. Danach ist der Sinn des Kalifats verloren gegangen und nur seine Bezeichnung

---

[58] Verwendet wird hierbei der mystische Begriff sālik (Pl. sālikūn) im Sinne desjenigen, der den Weg Gottes einschlägt.

[59] Muqaddimat Ibn Ḫaldūn (Die Einführung von Ibn Ḫaldūn), S. 180 (Fn.-Rāziq).

[60] 4. Kalif, Vetter und Schwiegersohn des Propheten, gest. 661.

[61] Gemeint ist Hārūn ar-Rašīd, gest. 809.

geblieben. Es hat sich in ein reines Königtum gewandelt. Die Herrschaft erreichte seinen Höhepunkt und wurde ihrer Natur entsprechend zum Zwecke der Unterdrückung, für Begierden und Vergnügungen benutzt, was bei den Nachkommen von 'Abd al-Malik sowie den Abbasiden nach ar-Rašīd der Fall war. Die Bezeichnung des Kalifats blieb wegen der Fortexistenz des Zusammengehörigkeitsgefühls der Araber erhalten. Das Kalifat und das Königtum waren in den beiden Stadien miteinander verbunden. Dann gingen sowohl die Bezeichnung als auch die Spuren des Kalifats verloren, als das Zusammengehörigkeitsgefühl der Araber zerbrach, ihre Generation erlosch und ihre Lebensverhältnisse verschwanden. Es handelte sich danach nur um reines Königtum, wie es bei den nichtarabischen Herrschern im Osten der Fall war. Diese bekennen sich zum Gehorsam gegenüber dem Kalifen, um Segen zu erlangen. Ihnen allein und nicht dem Kalifen gehörte das Königtum in all seinen Bezeichnungen und Formen..."[62].

8) Da die muslimischen Gelehrten dem Kalifen all diese Stärke zugeschrieben, ihm diese besondere Stellung verliehen und ihn mit all dieser Macht privilegiert haben, hätten sie uns die Quelle dieser mutmaßlichen Stärke nennen müssen. Woher hat er sie? Wer hat sie ihm geschenkt und verliehen? Sie haben allerdings diese Fragestellung genauso wie andere Untersuchungen zur Politik außer Acht gelassen, die möglicherweise gewisse Einwände gegen die Stellung des Kalifats erheben, diese behandeln oder diskutieren.

Eine Untersuchung der diesbezüglichen Schriften führt zur Schlussfolgerung, dass die Muslime dabei zwei Richtungen verfolgen:

9) Die erste Richtung vertritt die Ansicht, dass der Kalif seine Macht und seine Stärke aus der Macht und Stärke Gottes schöpfe. Diese Meinung ist sowohl unter den meisten Gelehrten als auch unter der Mehrheit der Muslime verbreitet. Alle ihre Reden und Forschungen über das Kalifat gehen in diese Richtung und verweisen auf diesen Glauben. Es ist schon vorher darauf eingegangen worden[63], dass die muslimischen Gelehrten aus dem Kalifen den Schatten Gottes auf Erden machten und dass Abū Ǧaʿfar al-Manṣūr[64] behauptete, er sei der Sultan Gottes auf Erden. So verbreitete sich diese Meinung, die von Gelehrten und Dichtern seit den ersten Jahrhunderten (der islamischen Zeitrechnung) vertreten wurde. Sie sind immer der Auffassung, dass der Erhabene Gott den Kalifen selber wählt und ihm das Kalifat anträgt. Dies zeigt sich in der folgenden Dichtung:

---

[62] Vgl. den Abschnitt zur Wandlung des Kalifats in das Königtum S. 191 f. in Muqaddimat Ibn Ḫaldūn (Die Einführung von Ibn Ḫaldūn); (Fn.-Rāziq).

[63] S. 4 (Fn.-Rāziq). Die Seitenangabe bezieht sich auf die arabische Ausgabe von 1925. In dieser Übersetzung handelt es sich um die S. 33 f.

[64] Zweiter abbasidischer Kalif, gest. 775.

Er übernahm das Kalifat, denn es war ihm eine Fügung;
So wie Moses zu seinem Gott nach einer bestimmten Fügung kam.[65]

Ein anderer Vers aus der Dichtung lautet:

Da er dich mit ihm[66] betraut hat, wollte Gott
die Verbesserung und Rechtleitung der Nation.[67]

Ferner spricht al-Farazdaq[68]:

Hišām[69] ist die Wahl Gottes für die Menschen;
durch ihn wird die Finsternis aus allen Ländern vertrieben.
Und Du bist für diese Menschen nach ihrem Propheten
ein Himmel, dessen Regenwolken jährlich erwünscht sind.

Die Verbreitung und die Popularität dieser Meinung machten es den Dichtern leicht, mit ihren Übertreibungen ein Maß zu erreichen, welches die Kalifen an die Stelle oder in die Nähe der Heiligkeit[70] rückt. Einer von ihnen spricht:

Was du willst, gilt, nicht aber das Vorherbestimmte.
So regiere, denn der Alleinige und Allmächtige[71] bist Du.

Weiter spricht Ṭuraiḥ[72], indem er al-Walīd b. Yazīd[73] lobt:

---

[65] Dieser Dichtungsvers stammt von Ǧarīr b. ʿAttīya (gest. 732), als er den Kalif ʻUmar b. ʻAbd al-Azīz (gest. 720) bei dessen Kalifatsübernahme lobte. Der zweite Teil des Verses deutet auf Koran 20:40 (koranischer Vers), der besagt, dass die Zeit, da Moses als Gottes Gesandter zum Pharao gesandt wurde, von Gott vorherbestimmt war.

[66] Gemeint ist das Kalifat.

[67] Dieser Dichtungsvers stammt von Udai b. ar-Riqā‘ (gest. 714), als er den Kalifen al-Walīd b. ʻAbd al-Malik (gest. 715) lobte.

[68] Abū Firās Hammām b. Ġālib b. Ṣaʿṣaʿa. Es wurde überliefert, dass er das 100. Lebensjahr überschritten habe und im Jahre 110, 112 oder 114 h. in Basra gestorben sei. Vgl. Dīwān al-Farazdaq, al-Maktaba al-ahlīya, Bairūt (Fn.-Rāziq).

[69] Hišām b. ʻAbd al-Malik ist der 10. umayyadische Kalif und im Jahre 125 in ar-Riṣāfa im Alter von 55 Jahren gestorben. Vgl. Tārīḫ Abī al-Fidā' (Das Geschichtsbuch von Abū al-Fidā'), Bd. 1, S. 203 f., 1. Aufl., al-maṭbaʿa al-Ḥusainīya, Kairo (Fn.-Rāziq).

[70] Damit ist Gott gemeint.

[71] Es handelt sich dabei um zwei Eigenschaften Gottes.

[72] Ṭuraiḥ b. Ismāʿīl aṯ-Ṯaqafī lobte zuerst al-Walīd b. Yazīd und später Abu Ǧaʿfar al-Manṣūr. Vgl. Al-aġānī (Die Lieder), Bd. 4, S. 74 f., Matbaʿat at-taqaddum, Kairo, S. 74 f. (Fn.-Rāziq).

[73] Er ist der 11. umayyadische Kalif und wurde im Jahre 126 H. getötet. Vgl. Abū al-Fidā', Bd. 1, S. 205 (Fn.-Rāziq).

Du bist der Sohn der ausgestreckten Talsenken
Und weder von Kurven noch von Bergeingängen überschattet,
Selig sind Deine zwei Abstammungsseiten,
Selig sind Deine verwurzelten Adern.
Wenn Du zu der Wasserflut Halt sagen würdest,
Würde sie in den Boden einsinken und zurückkehren,
Oder sie nähme in der ganzen Erde einen Umweg weit weg von Dir,
Selbst wenn die Wellen darin Berge schlagen würden.[74]

Schlägt man die Werke der Gelehrten vor allem nach dem 5. Jahrhundert (h.) auf, stellt man fest, dass sie – wenn sie einen Kalifen oder einen Sultan am Anfang ihrer Bücher erwähnen – ihn über die Menschen erheben und nicht weit von der Stelle der göttlichen Macht und Ehre rücken. Die Aussage von Naǧm ad-Dīn al-Qazwīnī[75] ist hier als Beispiel zu nehmen. Er sagt am Anfang seines Werkes „Die sonnige Botschaft in den logischen Regeln“: „Er zeigte auf den, der mit der Güte Gottes[76] glücklich ist, unter allen Geschöpfen allein durch Gottes Unterstützung ausgezeichnet ist, dem sich alle Menschen in Nah und Fern in seiner Hoheit zuwenden und durch den sowohl der Gehorsame als auch der Ungehorsame, wenn sie ihm folgen, erfolgreich werden …“.

Der Kommentator dieser Botschaft, Quṭb ad-Dīn ar-Rāzī[77], sagt in einer Einführung seines Kommentars: „Damit stehe ich zu Diensten seiner Hoheit, den der Erhabene Gott mit der heiligen Seele und mit der menschlichen Leitung privilegiert hat… Von seiner edlen Schönheit glänzen die Erscheinungen der ewigen Freude und von seinen hohen Bestrebungen strömen die Düfte der unendlichen Vorsehung aus… Er ist die Ehre der Wahrheit, des Staates und der Religion, er ist der vom Islam Rechtgeleitete und der Rechtleitende der Muslime…“.

---

74 Gemeint ist, dass der Beschriebene bekannt ist wie die ausgestreckten Talsenken, nicht von Kurven oder engen Bergeingängen überschattet wird, sodass er verborgen bleibt. D.h., seine adlige Abstammung ist allen bekannt und seine zwei Herkunftsseiten sind im Adel verwurzelt, da er von den Quraiš und Ṯaqīf abstammt. Al-aġānī (Die Lieder), Bd. 4, S. 81 sinngemäß (Fn.-Rāziq). Der Text enthält viele arabisch-semantische Verbindungen und wurde sinngemäß übersetzt.

75 Naǧm ad-Dīn ʻUmar b. ʻAlī al-Qazwīnī, bekannt als al-Kātibī (gest. 493 h.); (Fn.-Rāziq).

76 Al-ḥaqq ist eine der 99 Eigenschaften Gottes.

77 Quṭb ad-Dīn Maḥmūd b. Muḥammad ar-Rāzī (gest. 766 h.); (Fn.-Rāziq).

Ferner sagt ʿAbd al-Ḥakīm as-Sayalkūtī[78] in seinem Superkommentar[79]: „Ich habe ihn (den Kommentar) als Geschenk für seine Hoheit vorgesehen, den der Erhabene Gott mit der ewigen Macht ausgestattet und dem er den dauerhaften Staat gegeben hat …, für den Verbreiter der reinen, wahren Religion, für den Gründer von Regeln der edlen Scharia, für den Schatten Gottes auf Erden, den Erretter des Islam und der Muslime, für den, der die Länder Gottes entwickelt, für den Nachfolger des Gesandten Gottes und für den mit Gottes Hilfe und Gottes Sieg Gesegneten…“.[80]

Zusammenfassend lässt sich sagen, dass die Ableitung der Herrschaft des Kalifen von Gott eine populäre und unter den Muslimen verbreitete Meinung darstellt.

10) Es gibt noch eine andere Richtung, zu der einige Gelehrten neigen. Sie sagen, dass der Kalif seine Macht nur aus der umma herleite, da sie die Quelle seiner Stärke sei und ihn für diese Stellung auswähle.

Wahrscheinlich neigt al-Ḥuṭai'a[81] zu dieser Meinung, als er zu ʿUmar b. al-Ḫaṭṭāb sagt:

Du bist der Imam, dem nach dem Gefährten[82]
Die Menschen die unbeschränkte Macht anvertrauten.
Nicht Dich verehrten sie, als sie dich dafür vorzogen,
Sondern sie verehrten sich durch Dich selbst.

Diese Richtung zeigt sich deutlich in den Worten des Großgelehrten al-Kāsānī[83] in seinem Buch al-Badā'iʿ (Die Wunder)[84], indem er sagt: „Alles, wodurch der Bevollmächtigte die Bevollmächtigung verliert, gilt ebenso für den Richter. Sie

[78] Der Richter ʿAbd al-Ḥakīm as-Sayālkūtī (gest. 1067 h.) ist in Sialkot (Pakistan) begraben. Vgl. Iktifā' al-qanūʿ bimā huwa maṭbūʿ (Die Beschränkung auf das Genügsame); (Fn.-Rāziq).

[79] Kommentar zu einem Kommentar, eine verbreitete Literaturgattung unter den Rechts- und Religionsgelehrten.

[80] Dazu vgl. die Sammlung des Šaiḫs Farağ Allah Zakī al-Kūrdī, al-maṭbaʿā al-amīrīya (Die staatliche Druckerei), 1323 h./1905 (Fn.-Rāziq).

[81] Ğarwal b. Aus b. Mālik, der etwa im Jahre 30 h. starb. Vgl. Fawāt al-wafiyāt (Die Geschichten von Todesfällen), Bd. 1, S. 126 f. (Fn.-Rāziq).

[82] Arab. ṣāḥibihi, gemeint ist der erste Kalif Abū Bakr.

[83] Er ist der „König der Gelehrten“. Abū Bakr b. Masʿūd b. Aḥmad ʿAlā' ad-Dīn al-Kāsānī starb 587 h. (1191) und liegt bei Aleppo begraben. Vgl. Al-fawā'id al-bahīya fī tarāğim al-ḥanafīya (Die prächtigen Vorteile bei den Biografien der Ḥanafiten); (Fn.-Rāziq).

[84] Gemeint ist das Buch Badā'iʿ aṣ-ṣanā'iʿ fī tartīb aš-šarā'iʿ (Die Wunder der Kunstfertigkeit bei der Ordnung von religionsgesetzlichen Bestimmungen).

unterscheiden sich voneinander nur darin, dass im Falle des Todes oder der Absetzung des Bevollmächtigenden der Bevollmächtigte auch abgesetzt wird. Die Richter und Statthalter des Kalifen werden hingegen im Falle seines Todes oder seiner Absetzung ihres Amtes nicht enthoben. Der Unterschied liegt darin, dass der Bevollmächtigte gemäß der Beauftragung des Bevollmächtigenden und mit dessen Vermögen arbeitet. Wenn dieser Herrschaftsauftrag wegfällt, gilt der Bevollmächtigte als abgesetzt. Im Gegensatz dazu arbeitet der Richter weder im Auftrag noch mit dem Vermögen des Kalifen, sondern kraft der Beauftragung der Muslime und mit ihrem Vermögen. Der Kalif gilt für sie nur als ein von ihnen Gesandter. Deshalb trägt er wie der Gesandte bei Verträgen oder wie der Bevollmächtigte zur Eheschließung keine Verantwortung. Wenn er als Gesandter gilt, so handelt er im Namen aller Muslime. Deren Herrschaft[85] bleibt auch nach dem Tode des Kalifen erhalten, wie auch der Richter in seinem Amt verbleibt. Dies unterscheidet sich von der Absetzung. Denn die Absetzung des Richters oder des Statthalters erfolgt durch den Kalifen, nicht aber durch dessen Tod. In Wirklichkeit aber werden sie nicht durch den Kalifen, sondern durch die Menschen abgesetzt. Der Kalif übernimmt nämlich, wie schon erwähnt, die Herrschaft durch die Beauftragung der Menschen. Die Menschen verleihen ihm implizit das Recht, eine Person durch eine andere zu ersetzen, da dies in ihrem Interesse liegt. So gilt ihre Beauftragung für ihn auch bei der Absetzung. Darin liegt der Unterschied zwischen der Absetzung und dem Tod“.[86]

Zu den vollständigsten und klarsten Schriften zur Feststellung und Unterstützung dieser Richtung gehört das Buch „Das Kalifat und die Macht der umma“, das die Regierung der Großen Nationalversammlung in Ankara herausgegeben hat, von ‘Abd al-Ġanī Sanī Bey aus dem Türkischen ins Arabische übersetzt und 1342 h./1924 in der al-Hilāl-Druckerei in Kairo gedruckt wurde.

11) Diese Meinungsverschiedenheit unter den Muslimen über den Ursprung der Macht des Kalifen war auch unter den Europäern bekannt und hatte einen großen praktischen Einfluss auf die Entwicklung der europäischen Geschichte. Die erste Richtung ist fast identisch mit der Auffassung, durch die der Philosoph Hobbes[87] bekannt wurde, wonach die Macht der Könige heilig und deren Recht göttlich sei, während die zweite Richtung fast identisch mit derjenigen des Philosophen Locke[88] ist.

---

[85] Gemeint ist, dass die Muslime die eigentlichen Herrscher sind, die ihm die Macht anvertrauen.

[86] Vgl. Badā’i‘, Bd. 7, S. 16 (Fn.-Rāziq).

[87] Thomas Hobbes, geb. 1588. Vgl. A Student’s History of Philosophy, by Arthur Kenyon Roger; p. 242-250 (Fn.-Rāziq).

[88] John Locke, geb. 1632. The same book, p. 322-346 (Fn.-Rāziq).

Hoffentlich war das Erwähnte ausreichend, um die Bedeutung des Kalifats bei den muslimischen Gelehrten und ihre Aussage, wonach das Kalifat „eine Oberaufsicht sowohl in religiösen als auch weltlichen Angelegenheiten in Vertretung des Propheten (Gotte segne ihn und schenke ihm Heil)" sei[89], zu erläutern.

Zweites Kapitel: Die Bestimmungen zum Kalifat

1) Das Einsetzen des Kalifen ist für die muslimischen Gelehrten eine religiös-vorgeschriebene Pflicht. Wenn die Muslime sie nicht erfüllen, gelten sie alle als Sünder. Sie sind sich allerdings darüber uneinig, ob diese Verpflichtung vernunftgemäß oder islamisch-rechtlich[90] ist. Auf diese Meinungsverschiedenheit wird hier nicht eingegangen. Sie sind sich jedoch einig, dass das Einsetzen des Kalifen auf jeden Fall eine Pflicht ist, so wie Ibn Ḫaldūn behauptet hat, dass darüber Konsens herrsche. Er sagte[91]:

2) „Einige vertreten eine abweichende Ansicht, dass das Einsetzen des Kalifen weder vernunftgemäß noch islamisch-rechtlich überhaupt religiös vorgeschrieben ist. Zu ihnen gehören der Muʿtazilit al-Aṣamm[92], einige Ḫāriǧiten[93] und andere. Für diese ist jedoch die Durchführung der Bestimmungen des Islamischen Rechts Pflicht. Wenn die umma regelmäßig Gerechtigkeit üben und die Vorschriften des Erhabenen Gottes stetig durchführen würde, bestände kein Bedarf für den Imam und wäre sein Einsetzen keine Pflicht. Diese Meinung wird jedoch durch Konsens widerlegt."

3) Die muslimischen Gelehrten führen für diese Verpflichtung folgende Beweise an:
Erstens: Den Konsens der Prophetengefährten und der Muslime der zweiten und der folgenden Generation, denn „die Gefährten des Gesandten Gottes (Gott segne ihn und schenke ihm Heil) haben nach seinem Tode Abū Bakr (Gott möge mit ihm zufrieden sein) eilig gehuldigt und ihm die Verwaltung ihrer Angelegenheiten anheim gestellt. Dies war auch der Fall in allen Epochen danach, sodass die Leute in keiner Zeit in Anarchie gelassen waren. Dies hat sich als Kon-

---

89 Maqāṣid aṭ-ṭālibīn (Die Intentionen der Suchenden) von Saʿd ad-Dīn at-Taftāzānī (Fn.-Rāziq).

90 Die vernunftgemäße Pflicht basiert nur auf der Vernunft (ʿaql), während die islamisch-rechtliche auf der Scharia beruht.

91 Muqaddimat Ibn Ḫaldūn, S. 181 (Fn.-Rāziq).

92 Der berühmte Asket Ḥātim al-Aṣamm al-Balḫī (gest. 237 h.). Vgl. Abū al-Fidā', Bd. 2, S. 38 (Fn.-Rāziq).

93 Man muss wissen, dass die Ḫāriǧiten das Einsetzen des Imams nicht als Pflicht betrachten. Ein Teil von ihnen betrachtet dies im Bürgerkrieg (fitna), ein anderer Teil auch in der Sicherheit als verpflichtend. Vgl. Ḥāšiyat al-Kastalānī 'alā al-'aqā'id an-nasafiya (Der Kommentar von al-Kastalānī zum Werk *Die Glaubenslehren von an-Nasafī*); (Fn.-Rāziq).

sens herausgebildet und beweist die Verpflichtung für das Einsetzen des Imams."[94]
Zweitens: Vom Einsetzen des Imams sind „das Praktizieren der religiösen Rituale bzw. das Wohlergehen der umma abhängig. Dies ist genauso wie das Befehlen des Gebotenen und das Verbieten des Abzulehnenden, was unumstritten als religiöse Pflicht gilt und ohne das Einsetzen des Imams nicht erfüllbar wäre. Falls keiner diese Pflichten erfüllt, wären die Angelegenheiten des Volkes (ra'īya) nicht zu regeln, sondern träte die gegenseitige Räuberei an die Stelle der gegenseitigen Schenkung, vermehrte sich das Unrecht, herrschte die Anarchie und die Streitigkeiten würden nie beigelegt werden, was zu den Notwendigkeiten der menschlichen Gesellschaft gehört. Es besteht jedoch kein Zweifel, dass das, wovon die Erfüllung der Pflicht abhängig ist, auch Pflicht ist. Demzufolge ist das Einsetzen des Imams auch eine Pflicht. Wie das Befehlen und Verbieten vom Einsetzen des Imams abhängig sind, sind auch die sechs Prinzipien davon abhängig, die nur durch die vom Gesetzgeber (Gott) erlassenen Beschränkungen und Verbote zu bewahren sind. Die sechs Prinzipien sind Bewahrung der Religion, Bewahrung des Lebens, Bewahrung des Verstandes, Bewahrung der Abstammung, Bewahrung des Vermögens und Bewahrung der Ehre."[95]

4) In den Schriften der Gelehrten, die behaupten, dass das Einsetzen des Imams eine Pflicht sei, ist mir kein Versuch bekannt, diese These mit einem Vers von Gottes edlem Buch zu beweisen. Ich schwöre bei meinem Leben, gäbe es im Buch einen einzigen Beweis, würden die Gelehrten diesen betonen und ohne Zögern in höchsten Tönen loben. Gäbe es im edlen Buch etwas, was halbwegs als Beweis betrachtet werden könnte, dass das Imamat eine Pflicht sei, gäbe es sicherlich unter den vielen formalen Anhängern des Kalifats denjenigen, der versuchen würde, daraus einen vollständigen Beweis zu machen. Sowohl die sachlichen als auch die unsachlichen Gelehrten waren unfähig, im Buch Gottes ein Argument für ihre Ansicht zu finden. Demzufolge gaben sie auf und gingen zum einen zur Konsensbehauptung, zum anderen zu logischen Schlussfolgerungen und Verstandesgeboten über, wie es vorher schon erwähnt wurde.

5) Es gibt einige koranische Verse, zu deren Erklärung bezüglich ihrer echten Bedeutung ich mich dem Leser verpflichtet fühle, damit er nicht denkt, dass sie mit dem Imamat etwas zu tun haben. Dazu gehört u.a. Folgendes. Der Erhabene sagt: „O ihr, die ihr glaubt! Gehorcht Allah und gehorcht dem Gesandten und

94 Muqaddimat Ibn Ḫaldūn, S. 181 (Fn.-Rāziq).
95 Vgl. Šaiḫ Muḥammad Baḫīt, Al-qaul al-mufīd 'alā ar-risāla al-musammāt wasīlat al-'abīd fī 'ilm at-tauḥīd (Das vorteilhafte Wort zu dem so genannten Buch: Die Methode der Diener <Gottes> für die islamische Theologie), S. 100 (Fn.-Rāziq).

denen, die Befehl unter euch haben." (4:59)[96] Ein anderer Vers besagt: „*Und wenn ihnen etwas zu Ohren kommt, das Frieden oder Krieg betrifft, verbreiten sie es.*[97] Wenn sie es aber (stattdessen) dem Gesandten oder denen, die Befehlsgewalt unter ihnen haben (ūlū al-amr), berichteten, so würden diejenigen es erfahren, die dem nachgehen können." (4:83)[98] Es ist mir niemand bekannt, der behaupten würde, in einem dieser Verse einen Beweis gefunden zu haben, oder sogar versuchen würde, diesen Beweis daran festzumachen. Aus diesem Grunde wird darauf nicht eingegangen, um die törichten Dinge der Forschung und einen imaginären Kampf[99] zu vermeiden.

Es sei auf jeden Fall zu erwähnen, dass die Interpreten *ūlū al-amr* im ersten Vers folgendermaßen ausgelegt haben: Sie sind „die Führer (umarā') der Muslime während und nach dem Leben des Gesandten (Gott segne ihn und schenke ihm Heil). Zu ihnen gehören die Kalifen, die Richter und die Kompanieführer... Eine andere Meinung besagt, damit sind die Gelehrten des Islamischen Rechts gemeint, da der Erhabene sagt: ,Wenn sie es aber (stattdessen) dem Gesandten oder denen, die Befehlsgewalt unter ihnen haben, berichteten, so würden diejenigen es erfahren, die dem nachgehen können.'"[100]

Mit *ūlū al-amr* im zweiten Vers sind folgende Personen gemeint: „Die tiefe Einsicht besitzenden bedeutenden Prophetengefährten oder diejenigen unter ihnen, die mit Befehlsgewalt ausgestatten waren."[101] Auf alle Fälle enthalten die Verse nichts, was als Beleg für das Kalifat, von welchem die muslimischen Gelehrten sprechen, gilt.

Das Äußerste, was man zu den beiden Versen sagen kann, ist eine Bedeutung, dass unter den Muslimen einige sind, die über die Dinge zu entscheiden haben. Dies ist jedoch eine viel umfassendere und mehr allgemeine Bedeutung als das Kalifat im von ihnen erwähnten Sinne. Beide Bedeutungen stehen zueinander kaum in Verbindung und sind sogar widersprüchlich.

---

96 Die Verszählung im Original folgt nicht der heute üblichen sog. Kairiner Zählung, die besonders mit dem Druck von 1923 in Kairo (befördert durch die Azhar-Universität und König Fu'ād I.) Verbreitung fand. Daher wird im Original 4:62 angegeben. Ob damit eine Intention des Autors verbunden ist, lässt sich nur mutmaßen. Vgl. Bobzin, H., Der Koran. Eine Einführung. München 1999, S. 102-109.

97 Diese kursiv markierte Stelle steht im Original nicht. Um den vollständigen Sinn des Verses dem deutschsprachigen Leser zu vermitteln, ist sie in der Übersetzung mit einbezogen worden.

98 Im Text Koran 4:85 (vgl. Fn. 96).

99 Im Original heißt es: ǧihād (Kampf für die Sache Gottes). Unter Hinweis auf die sehr verbreitete Übersetzung mit „Heiliger Krieg" wird auf die Mehrdeutigkeit dieses Begriffes verwiesen. Hier geht es um die geistige Auseinandersetzung, nicht um Militärisches.

100 Vgl. Šarḥ al-Baiḍāwī (Al-Baiḍāwīs Kommentar); (Fn.-Rāziq).

101 Vgl. az-Zamaḫšarī, Al-kaššāf (Der Aufklärer); (Fn.-Rāziq).

Wer mehr zu diesem Thema lesen will, kann das Werk „Das Buch vom Kalifat" von dem großen Gelehrten Sir Thomas Arnold[102] zu Hilfe nehmen. Im zweiten und im dritten Kapitel gibt es eine interessante und einleuchtende Darstellung. Vielleicht wäre in diesem Zusammenhang ein Wort vom Verfasser des Buches Al-mawāqif (Die Situationen) nützlich, nachdem dieser den Beweis für die Pflicht, einen Kalifen einzusetzen, durch Konsens geführt hat: „Wenn gesagt wird, der Konsens braucht einen Beweis: Hätte es ihn gegeben, wäre er ununterbrochen überliefert worden, da es mehrere Anlässe dafür gegeben hat. Dazu würden wir sagen: Der Konsens machte die Überlieferung überflüssig, folglich gab es keine Anlässe. Oder der Beweis dafür galt etwa wie unüberlieferbare Indizien, die nur durch Sehen und Erleben derer zu kennen sind, die zur Zeit des Gesandten lebten."[103] Wie man sieht, sagt er[104], ist für diesen Konsens kein Beweis bekannt. Der Verfasser von Al-mawāqif hätte diese Aussage nicht geäußert, wenn er im Buch des Erhabenen Gottes etwas gefunden hätte, was als Beweis dafür gelten könnte.
Es ist ein großes Wunder, wenn man das edle Buch Gottes in die Hand nimmt, es von der ersten bis zur letzten Sure durchsieht, Gleichnisse[105] und Erklärungen aller Dinge[106] darin findet, denn „Nichts haben wir in dem Buch übergangen" (6:38)[107]. Allerdings finden weder das so genannte allgemeine Imamat noch das Kalifat darin Erwähnung, was den Anlass dafür gibt, viele Fragen darüber zu stellen.

6) Nicht nur der Koran hat dieses Kalifat vernachlässigt und ist darauf nicht eingegangen, sondern auch die Sunna. Ein Beweis dafür ist, dass die Gelehrten keinen ḥadīṯ als Beweis dafür anführen konnten. Hätten sie einen gefunden, hätten sie es bei der Beweisführung dem Konsens vorangestellt, hätte der Verfasser von Al-mawāqif nicht gesagt, dass für diesen Konsens kein Beleg überliefert worden sei.

7) As-Saiyid Muḥammad Rašīd Riḍā[108] will in der Sunna einen Beweis für die Verpflichtung zum Kalifat finden. So zitierte er einiges aus dem Buch Al-

---

[102] The Caliphate, by Sir Thomas W. Arnold; printed at the Clarendon Press Oxford, 1924 (Fn.-Rāziq).
[103] Vgl. Al-mawāqif, Bd.2, S. 464 (Fn.-Rāziq).
[104] Gemeint ist der Verfasser des Buches Al-mawāqif.
[105] Eine Anspielung auf Koran 17:89.
[106] Eine Anspielung auf Koran 12:111.
[107] Sūrat al-anʿām (Das Vieh; 6:38); (Fn.-Rāziq).
[108] Gest. 1935, orthodoxer Reformvertreter, der die Erneuerung des Kalifats befürwortete. Zur Auseinandersetzung mit ʿAlī ʿAbd ar-Rāziq vgl. die diesbezüglichen Erläuterungen oben.

maqāṣid (Die Intentionen) von Sa'd ad-Dīn at-Taftāzānī[109], was dieser zur Verpflichtung zum Kalifat als Beweis angeführt hat. Diese Beweise enthalten weder etwas vom Buch Gottes noch etwas von der Sunna des Gesandten Gottes (Gott segne ihn und schenke ihm Heil). Demzufolge wandte as-Saiyid Rašīd im Hinblick auf Sa'd ein, dass dieser „und seinesgleichen bei der Beweisführung für das Einsetzen des Imams die stark überlieferten ḥadīṯe in Bezug auf das Festhalten an der Gemeinschaft der Muslime und am Imam vernachlässigt haben. In einigen dieser ḥadīṯe heißt es ausdrücklich: Wer stirbt, ohne gehuldigt zu haben, stirbt wie in vorislamischer Zeit.[110] Später wird auf den allgemein anerkannten, von Ḥuḏaifa überlieferten ḥadīṯ eingegangen, in welchem der Prophet diesem sagt: ‚Du sollst an der Gemeinschaft der Muslime und an deren Imam festhalten'"[111].

Bevor hier auf diesen Einwand eingegangen wird, ist darauf hinzuweisen, dass er eine Bestätigung unserer vorher geäußerten Meinung beinhaltet, dass die Gelehrten bei der Behandlung dieses Themas keinen ḥadīṯ als Beweis angeführt haben. As-Saiyid Rašīd ist nicht der erste bei diesem Beweisführungsversuch. Ihm geht Ibn Ḥazm aẓ-Ẓāhirī[112] voraus, der sogar behauptete: „Sowohl der Koran als auch die Sunna enthalten Belege dafür, dass das Einsetzen des Imams eine Pflicht ist. Der Erhabene Gott sagt u.a.: ‚Gehorcht Allah und gehorcht dem Gesandten und denen, die Befehl unter euch haben.' (4:59)[113]. Dazu kommen noch viele stark überlieferte ḥadīṯe über den Gehorsam gegenüber den Imamen sowie über die Verpflichtung zum Imamat."[114]

Prüft man alle ḥadīṯe des Gesandten Gottes (Gott segne ihn und schenke ihm Heil), die hier als Beleg angeführt werden, findet man darin nicht mehr als eine Erwähnung des Imamats, der Huldigung, der Gemeinschaft u.a., so wie folgende Überlieferungen: „Die Imame sind von den Quraiš[115]", „Du sollst an der Gemeinschaft der Muslime festhalten", „Wer stirbt, ohne gehuldigt zu haben,

---

109 Sa'd ad-Dīn at-Taftāzānī, geboren 722 h. in Taftāzān, einer Stadt in Chorasan, gestorben 792 in Samarkand, später nach Sarakhs verlegt, hieß Mas'ūd b. 'Umar oder 'Umar b. Mas'ūd. Vgl. Al-fawā'id al-bahīya fī tarāǧim al-ḥanafīya (Die prächtigen Vorteile in den Biografien der Ḥanafiten), S. 135 f. (Fn.-Rāziq).

110 Der Begriff ǧāhilīya bezeichnet die vorislamische Zeit und konnotiert das Unwissen, den Unglauben bzw. die damals herrschenden vorislamischenTraditionen.

111 Vgl. Muḥammad Rašīd Riḍā, Al-ḫilāfa au al-imāma al-'uẓmā (Das Kalifat oder das große Imamat), S. 11(Fn.-Rāziq).

112 Abū Muḥammad 'Alī b. Aḥmad b. Sa'īd, geboren im Jahre 383 (h.) in Cordoba, gestorben 456 (h.). Vgl. die Präambel des Buches Al-faṣl (Fn.-Rāziq).

113 Vgl. Fn. 96.

114 Vgl. Al-faṣl fī al-milal wa-l-ahwā' wa-n-niḥal (Die Unterscheidung zwischen Religionen, auf Gutdünken beruhenden Meinungen und Sekten), Bd. 4, S. 87 (Fn.-Rāziq).

115 Quraiš ist der größte Stamm in Mekka, zu dem der Prophet Muḥammad gehörte.

stirbt wie in vorislamischer Zeit“, „Wer einem Imam huldigt, ihm die Hand gibt[116] und ihm die Treue versichert[117], der soll ihm möglichst gehorchen. Sollte ein anderer ihm dies streitig machen, muss diesem der Kopf abgeschlagen[118] werden“[119], „Nehmt die beiden nach mir als Vorbild, und zwar Abū Bakr und ‘Umar“ usw. usf.[120] Nichts von alledem gilt als Beweis für die Behauptung, dass die Scharia die Existenz des Kalifats bzw. des großen Imamats im Sinne einer Vertretung des Propheten (Gott segne ihn und schenke ihm Heil) bzw. der Übernahme seiner Stellung unter den Muslimen anerkannt habe.

Wir wollen uns mit den Gelehrten über die Echtheit der hier angeführten ḥadīṯe nicht auseinandersetzen, obwohl wir dies für diskussionsbedürftig halten und dazu viel zu sagen hätten. Stattdessen wird hier die Echtheit aller dieser ḥadīṯe angenommen. Auch wird über die vom Gesetzgeber gemeinte Bedeutung der Wörter *Imamat, Huldigung, Gemeinschaft* usw. nicht mit ihnen debattiert. Es wäre natürlich besser, mit den Gelehrten darüber zu diskutieren, damit sie erfahren, dass diese und ähnliche Ausdrücke in der Sprache des Gesetzgebers nicht die Bedeutung haben, die ihnen später zugeschrieben worden ist. Sodann dachten sie, diese Bedeutungen durch die Sprache des Islam prägen zu können.

Wir übersehen bei ihnen alle strittigen Themen und sagen noch dazu, dass die ḥadīṯe alle stark überliefert seien, dass mit den Imamen und den *ūlū al-amr* in der Sprache des Gesetzgebers die Inhaber des Kalifats bzw. des großen Imamats gemeint seien, dass die Huldigung sich auf den Kalifen beziehe, dass die Gemeinschaft der Muslime die Regierung des islamischen Kalifats bedeute usw. Man nimmt dies alles an und macht alle diese Konzessionen. Nichtsdestotrotz findet man in diesen ḥadīṯen nichts, was als Beweis für diejenigen gelten kann, die das Kalifat als von Gott auferlegten Glauben bzw. als eine der Religionspflichten betrachten.

Jesus, Marias Sohn (Gott schenke ihm Heil), sprach über die Regierung des Kaisers und befahl, dem Kaiser zu geben, was des Kaisers ist. Das war allerdings in keiner Weise eine Anerkennung von Jesus, dass die Regierung des Kaisers vom Gesetz des Erhabenen Gottes abgeleitet ist oder dass sie zu dem gehört, was die

---

116 Symbol für die Vereinbarung bzw. den Vertrag.

117 Im Original steht: *und ihm die Frucht seines Herzens gibt* als Metapher für die Treue und die Liebe.

118 Im Original: *Schlagt ihm den Hals ab!*

119 Ibn Ḥazm sagt, dieser ḥadīṯ ist schwach überliefert und Gott behüte uns, das schwach Überlieferte als Beweis zu führen. Vgl. Al-faṣl (Die Trennung), Bd. 4, S. 108 (Fn.-Rāziq).

120 All diese ḥadīṯe sind im Buch Al-ḫilāfa au al-imāma al-‘uẓmā (Das Kalifat oder das große Imamat) von Rašīd Riḍā verstreut erwähnt, die meisten davon in Bezug auf die Überlieferungskette behandelt (Fn.-Rāziq).

christliche Religion anerkennt. Keiner, der die Sprache der menschlichen Kommunikation versteht, würde die Aussage von Jesus als Beweis dafür anführen.

Alles, was in den ḥadīṯen des Propheten (Gott segne ihn und schenke ihm Heil) über das Imamat, das Kalifat, die Huldigung usw. erwähnt wird, bedeutet nicht mehr als das, was Jesus meinte, als er einige religiöse Vorschriften über die Regierung des Kaisers erwähnte.
Wenn es richtig wäre, dass der Prophet (Gott segne ihn und schenke ihm Heil) uns befohlen hätte, dem von uns gehuldigten Imam zu gehorchen, so hat uns der Erhabene Gott auch befohlen, unsere Verträge mit den Götzendienern einzuhalten und ihnen die Treue zu halten, solange sie uns treu bleiben [121]. Dies kann aber auf keinen Fall als Beleg dafür gelten, dass Gott den Götzendienst akzeptieren würde. Genauso impliziert der Befehl Gottes, den Götzendienern treu zu sein, in keiner Weise Seine Anerkennung gegenüber deren Götzendienst.

Ist es uns denn nicht islamisch-rechtlich befohlen, den Tyrannen und den Sündern zu gehorchen und deren Befehle zu erfüllen, wenn sie die Macht über uns haben bzw. wenn der Ungehorsam ihnen gegenüber einen zu befürchtenden Bürgerkrieg zur Folge hat? Dies impliziert jedoch weder das Erlaubtsein der Tyrannei noch das des Ungehorsams gegenüber der Regierung.

Ist es uns denn nicht empfohlen, die Bettler zu würdigen, die Armen zu respektieren, ihnen Gutes zu tun und barmherzig zu sein? Könnte ein vernünftiger Mensch darunter verstehen, dass uns dies verpflichtet, unter uns Arme und Bedürftige zu schaffen.

Der Erhabene Gott hat zu uns über die Sklaverei gesprochen und uns befohlen, die Sklaven zu befreien[122] und sie auf die beste Art und Weise zu behandeln. Außerdem hat Er uns vieles in Bezug auf die Sklaven befohlen. Dies war nie ein Beweis dafür, dass die Versklavung religiös vorgeschrieben oder erwünscht ist.

Mehrmals hat Gott die Scheidung, die Verschuldung, den Verkauf, die Verpfändung u.a. erwähnt und dafür Bestimmungen erlassen. Dies allein bedeutete niemals, dass etwas davon eine religiöse Pflicht ist oder dass diese Angelegenheiten für Gott von besonderer Bedeutung sind.

Wenn der Prophet (Gott segne ihn und schenke ihm Heil) die Huldigung, das Regieren und die Regierung erwähnt, über den Gehorsam gegenüber den Be-

---

[121] Eine Anspielung auf Koran 9:7.

[122] Im Original steht: die Hälse der Sklaven zu befreien. Eine Anspielung auf Koran 90:13. Vgl. Fn. 54.

fehlshabern gesprochen, uns die Bestimmungen dafür verordnet hat, so bedeutet dies nur das, was man hier erfahren und verstanden hat.

Die Behauptung einer religiösen Pflicht ist eine enorm wichtige Angelegenheit. Nicht jeder ḥadīṯ, selbst wenn er stark überliefert ist, kann als ein Beweis dafür gelten.

Drittes Kapitel: Das Kalifat aus sozialer Sicht

1) Man hat behauptet, ohne das Buch des Erhabenen Gottes bzw. die Sunna Seines Gesandten (Gott segne ihn und schenke ihm Heil) zu berücksichtigen, „dass der Konsens der Muslime in der Frühzeit des Islam und nach dem Tod des Propheten (Gott segne ihn und schenke ihm Heil) über das Verbot, eine Zeit ohne Imam vergehen zu lassen, ununterbrochen fortbestehe, sodass Abū Bakr in seiner bekannten Rede direkt nach dem Tode des Propheten gesagt hat: Muḥammad ist verstorben, und diese Religion braucht unbedingt jemanden, der Verantwortung dafür trägt. Da haben ihn alle ohne Verzögerung akzeptiert und ihm das Wichtigste überlassen, und zwar die Beerdigung des Propheten (Gott segne ihn und schenke ihm Heil). Die Leute blieben bis in unsere Zeit hinein dabei, in jeder Epoche einen Imam, dem zu folgen ist, einzusetzen."[123]

2) Wir geben zu, dass der Konsens ein islamisch-rechtlicher Beleg ist. Dabei wollen wir keinen Streit mit den Gegnern anzetteln[124]. Ferner geben wir zu, dass der Konsens an sich in Bezug auf seine Existenz und Bestätigung möglich ist[125].

---

[123] Al-mawāqif (Die Situationen) und Kommentar (Fn.-Rāziq).

[124] Der Konsens ist bei der Allgemeinheit der Muslime ein entschiedener Beleg. Einige derjenigen, welche auf Gutdünken gebildete Meinungen vertreten, betrachten den Konsens nicht als Beleg. Zu denen gehören Ibrāhīm an-Naẓẓām und al-Qāšānī von den Mu'taziliten (mu'tazila), die al-ḫawāriǧ (die Ḫāriǧiten) und die Mehrheit der rawāfiḍ (Rafiditen) usw. Vgl. Kašf al-asrār (Die Aufdeckung der Geheimnisse); (Fn.-Rāziq). Mit rawāfiḍ (den Ablehnenden) sind die Schiiten gemeint, da sie die Huldigung zu Mu'āwiya b. Abī Sufyān (gest. 680) abgelehnt haben.

[125] Einige Rafiditen und an-Naẓẓām von den Mu'taziliten lehnen ab, dass der Konsens über eine unnötige Angelegenheit bestehen kann. Dāwūd und seine Anhänger von den Ẓāhiriten sowie Aḥmad b. Ḥanbal in einer von zwei über ihn überlieferten Meinungen vertreten die Ansicht, dass kein Konsens außer dem der Prophetengefährten gilt. Die Ẓaiditen und Imamiten aus der Gruppe der Rafiditen meinen, nur der Konsens der Verwandten ('itra) des Propheten (Friede sei mit ihm) darf Geltung finden. Von Mālik (Gott erbarme sich seiner) wurde überliefert, dass nur der Konsens der Leute von Medina gültig sei. Vgl.'Abd al-'Azīz al-Buḫārī, Kašf al-asrār 'an uṣūl al-imāma li-Faḫr al-islām Abī al-Ḥusain 'Alī b. Muḥammad b. Ḥusain al-Bazdawī, Dār al-Ḫilāfa, Bd. 3, 1307 (h.), S. 936 f. (Fn.-Rāziq). Dieses Buch ist bekannt als: Kašf al-asrār 'an uṣūl Faḫr al-islām al-Bazdawī, (Die Aufdeckung der Geheimnisse von al-Bazdawīs Buch: Kanz al-wuṣūl ilā 'ilm al-uṣūl <Der Schatz des Gelangens zur Wissenschaft von den islamischen Rechtsmethoden>).

Zudem teilen wir nicht die Meinung, dass derjenige, der den Konsens behauptet, lügt[126]. Allerdings haben wir auf keinen Fall einen Grund, die Behauptung des Konsenses über diese Frage[127] anzunehmen. Wenn man dafür einen Beweis verlangen würde, wäre es unmöglich, einen zu finden. Trotz allem wird im Folgenden bewiesen, dass die Behauptung des Konsenses in diesem Zusammenhang ungültig bzw. unannehmbar ist, egal ob damit der Konsens der Prophetengefährten allein, der Prophetengefährten und der nachkommenden Generationen[128], der muslimischen Gelehrten oder sämtlicher Muslime gemeint ist. Zunächst gilt es, den Weg dazu ausführlich zu bahnen.

3) Es ist in der Geschichte der wissenschaftlichen Bewegung bei den Muslimen deutlich zu merken, dass die politischen Wissenschaften im Vergleich zu anderen Wissenschaften von geringstem Interesse waren und an letzter Stelle rangierten. Denn man kennt von den Muslimen weder ein Buch oder eine Übersetzung über die Politik noch eine Studie über die Regierungssysteme oder über die Grundlagen der Politik. Abgesehen von einer geringen Zahl, der im Vergleich zur wissenschaftlichen Bewegung in anderen Bereichen außerhalb der Politik kein Wert beizumessen ist. Dies war der Fall, obwohl es Anlässe und Gründe zu einer präzisen bzw. vertieften Forschung in den Politikwissenschaften gab.

4) Der geringste dieser Gründe ist, dass die Muslime trotz ihrer angeborenen (natürlichen) Intelligenz bzw. ihrer wissenschaftlichen Aktivität von der Philosophie und vom Wissen der Griechen begeistert waren. Die griechischen Bücher, deren Studium und Übersetzung sie sich hingaben, waren Anlass genug, sie zur Beschäftigung mit der Politikwissenschaft zu verlocken und ihnen diese beliebt zu machen. Denn diese Wissenschaft ist alt und hat viele der alten griechischen Philosophen beschäftigt. Sie war zudem für die Philosophie und sogar für das Leben der Griechen von großer Bedeutung.

5) Es gibt noch einen anderen, noch wichtigeren Grund, nämlich den, dass die Stellung des islamischen Kalifats seit dem ersten Kalifen, Abū Bakr aṣ-Ṣiddīq (Der Erhabene Gott möge mit ihm zufrieden sein), bis zur heutigen Zeit auf Ablehnung bzw. Rebellion stieß. Die islamische Geschichte kennt kaum einen Kalifen, gegen den nicht rebelliert worden ist, und kaum eine vergangene Generation, die keinen Mord an einem Kalifen erlebt hat. Zwar kann dies auch bei den Königen in jeder Nation, in jeder Religion und in jeder Generation der Fall sein, aber keine andere Nation ist meines Erachtens in dieser Hinsicht mit den Muslimen vergleichbar. Denn der Widerstand der Muslime gegen das Kalifat ist

126 Dies wurde vom Imām Aḥmad b. Ḥanbal überliefert. Vgl. Muḥammad al-Ḫuḍarī, Tārīḫ at-tašrīʿ al-islāmī (Die Geschichte der islamischen Gesetzgebung), S. 206 (Fn.-Rāziq).

127 Gemeint ist die Frage des Kalifats.

128 Arab. at-tābiʿūn.

gleichzeitig mit der Entstehung des Kalifats selbst entstanden und begleitete es ununterbrochen. Diese Widerstandsbewegung hat eine beachtenswerte Geschichte. Sie trat manchmal in Form einer großen Macht mit einem klaren System in Erscheinung, wie es bei den ḫawāriǧ (Ḫariǧiten) in der Zeit von ʻAlī b. Abī Ṭālib[129] der Fall war. Manchmal verlief sie im Mantel von Geheimorganisationen, wie z.B. die Bewegung „Einheit und Fortschritt" (al-ittiḥād wa-t-taraqqī)[130]. In einigen Fällen war sie zu schwach, sodass ihre Existenz fast nicht zu spüren war. In anderen Fällen war sie jedoch so stark, dass sie den Thron von Königen erschüttern konnte. Diese Widerstandsbewegung konnte, wenn es ihr möglich war, praktisch agieren. Je nach Lage und Verhältnissen ging sie auch den Weg der wissenschaftlichen oder religiösen Missionierung. Eine solche Bewegung hätte ihre Vertreter dazu geführt, die Herrschaft zu erforschen, deren Quellen und Richtungen zu analysieren, die Regierungen und alle damit in Verbindung stehenden Angelegenheiten zu untersuchen, das Kalifat und dessen Grundlagen zu kritisieren und andere politische Wissenschaften zu betreiben. Es besteht kein Zweifel, dass die Araber einen größeren Anspruch auf diese Wissenschaft hatten und sich eher hätten damit beschäftigen müssen.

6) Warum standen die muslimischen Gelehrten verlegen vor dieser Wissenschaft, warum haben sie sich betrübt davon abgewendet? Wieso haben sie die Untersuchung der Bücher „Der Staat"[131] von Platon und „Politik" von Aristoteles vernachlässigt, obwohl ihre Begeisterung für Aristoteles so hoch war, dass sie ihn den ersten Lehrer genannt haben? Warum waren sie damit zufrieden, die Muslime in absoluter Unwissenheit gegenüber den Prinzipien der Politik und den Regierungssystemen bei den Griechen zu lassen, obwohl sie in der Grammatik jeden Weg mit ihnen gegangen sind? Warum hat es den Gelehrten gefallen, die Muslime sogar mit den griechischen Fabeln des Bidpai im Buch „Kalīla wa-dimna"[132] zu beglücken und sogar die Religionswissenschaften mit allem zu mischen, was in der griechischen Philosophie an Gutem und Bösem, an Glauben und Unglauben vorhanden war? Unsere Gelehrten haben der Beschäftigung mit den politischen Wissenschaften im Gegensatz zu anderen Wissenschaften weder aus Unachtsamkeit noch aus Unwissenheit heraus keine Bedeutung geschenkt. Der Grund liegt in der folgenden Erklärung.

---

[129] Vgl. Fn. 60.

[130] Es handelt sich dabei um das Komitee für Einheit und Forschritt (in türkischer Sprache: Ittihat ve Terakki Cemiyeti), eine politische Organisation im Osmanischen Reich. Es war die treibende Kraft hinter der Revolution von 1908 und regierte zwischen den Jahren 1908 und 1918 mit kurzer Unterbrechung. In den westlichen Ländern ist es auch unter dem Namen „Jungtürken" bekannt.

[131] Noch im 19. Jh. oft als „Die Republik" aufgeführt, arab. al-ǧumhūrīya. Im Englischen – und darauf nimmt der Verfasser Bezug – „The Republic".

[132] Von ʻAbdullah b. al-Muqaffaʻ (gest. um 757) ins Arabische übertragen.

7) Bei den Muslimen ist das Kalifat grundsätzlich „auf die Leute des Bindens und Lösens“[133] zurückzuführen, denn „das Imamat ist ein Vertrag, der zwischen den Leuten des Lösens und Bindens und der von ihnen als Imam gewählten Person durch die Huldigung nach gegenseitiger Beratung abgeschlossen wird“[134]. Dies kann vielleicht bedeuten, dass das Kalifat bei den Muslimen auf der Basis der freiwilligen Huldigung beruht bzw. sich auf den Willen der Leute des Bindens und Lösens unter den Muslimen und deren Akzeptanz gründet. Es ist auch eventuell denkbar, dass es im Diesseits ein Kalifat auf die erwähnte Art und Weise gibt. Wenn man aber zur Realität und zur Sache selbst zurückkehrt, findet man, dass das Kalifat im Islam nur auf der Basis der Angst einflößenden Macht beruhte. Diese Macht war, abgesehen von seltenen Fällen, eine materielle bewaffnete Macht. Die Stellung des Kalifen basierte nur auf Speeren, Schwertern, der schwer bewaffneten Armee und der starken Streitkraft[135]. Nur dadurch und nicht durch anderes wurde sein Platz sicher und wurde sein Anliegen durchgesetzt.

Man könnte vielleicht in der Aussage zögern, dass die ersten drei rechtgeleiteten Kalifen ihre Stellung auf der Basis der materiellen Macht aufgebaut und auf die Grundlagen der Überwältigung und Unterdrückung gestützt haben. Man kann jedoch kaum daran zweifeln, dass ʻAlī und Muʻāwiya (Gott möge mit ihnen beiden zufrieden sein) den Kalifatsthron nur unter dem Schutz des Schwertes und der Speere bestiegen haben. Dies ist bei den Kalifen bis zur heutigen Zeit der Fall. Muḥammad V., Führer der Gläubigen und Sultan der Türkei[136], hätte heute in seinem Yildiz-Palast[137] nie ohne diese Armeen, die seinen Palast bewachen, seinen Thron schützen und sich opfern, um ihn zu verteidigen, wohnen können. Man hat daran gar keinen Zweifel, dass die Unterdrückung die Grundlage des Kalifats war. Die Geschichte nennt uns keinen Kalifen, der in unserem Bewusstsein nicht mit dieser bewaffneten Furcht um sich herum, mit der unbezwingbaren, ihn schützenden Macht und mit gezückten, ihn verteidigenden Schwertern verbunden wird.

Wenn es nicht als abwegig erschiene[138], würden wir dem Leser die Abfolge der Kalifen bis in die heutige Zeit darstellen, damit er den Charakter von Unterdrü-

---

[133] Muqaddimat Ibn Ḫaldūn (Die Einführung von Ibn Ḫaldūn), (Fn.-Rāziq). Gemeint sind damit die maßgeblichen Leute.

[134] Vgl. as-Sayid Muḥammad Rašīd Riḍā, Al-ḫilāfa (Das Kalifat), S. 24 f. (Fn.-Rāziq).

[135] Eine Anspielung auf Koran 59:14.

[136] Dies wurde zur Zeit des Kalifats in der Türkei unter Muḥammad V. geschrieben. Danach verschwand das Kalifat aus der Türkei. Muḥammad V. und alle anderen Kalifen verschwanden, weil die Macht, die wir als die Basis des Kalifats beschrieben haben, verschwand (Fn.-Rāziq).

[137] Neuerbauter Palast, der vom Sultan aus Furcht vor Anschlägen mit vielen Sicherheitsvorkehrungen versehen war. Vgl. Werner, E., Markov, W., Geschichte..., a.a.O., S. 213.

[138] Eine Anspielung auf Koran 18:14.

ckung und Überwältigung an jedem Kettenglied sieht und erkennt, dass sich der so genannte Thron nur auf den Köpfen der Menschen erhebt und auf ihren Schultern lastet, dass die so genannte Krone nur auf Kosten des Menschen lebt, ihre Macht nur die des ermordeten Teils des Volkes ist und weder Würde noch Größe besitzt außer der dem Volk geraubten Würde und Größe. Dies ähnelt dem Verhältnis von Nacht und Tag: Je länger die Nacht ist, desto später kommt der Tag. Der Glanz der Krone ist nur die der Schwerter und der Flammen der Kriege.

Manchmal ist in einigen Geschichtsphasen bemerkbar, dass diese bewaffnete Macht, die als Stütze des Kalifats gilt, nicht deutlich sichtbar und für die Massen nicht spürbar ist. Dies kann nicht als ein Widerspruch zu dem, was wir festgestellt haben, betrachtet werden, denn die Macht ist mit Sicherheit vorhanden und auf ihr basiert die Stellung des Kalifen. Es ist allerdings möglich, dass eine Zeit ohne Anwendung dieser Macht vergeht, weil kein Bedarf dafür besteht. Wenn diese Macht lange Zeit verborgen bleibt, gerät sie bei den Menschen in Vergessenheit, und einige kommen vielleicht auf den Gedanken, dass es sie nicht gegeben hätte. Hätte es sie wirklich nicht gegeben, hätte es auch keinen Kalifen gegeben, denn „das Königtum heißt nur Überwältigung und Regieren durch Unterdrückung“, wie Ibn Ḫaldūn sagt.[139] „In diesem Sinne sagt Chosrau[140]: Das Königtum ist vom Heer abhängig. Ferner soll Aristoteles gesagt haben: Das Königtum ist ein System, das vom Heer unterstützt wird“[141].

8) Es ist natürlich, dass das Königtum in jeder Nation nur auf Überwältigung und Unterdrückung beruht, „denn das Königtum ist eine begehrte ehrenhafte Stelle und umfasst alle weltlichen Vorteile, körperliche Begierden und seelischen Vergnügungen. Deshalb ist es oft ein Gegenstand des Wettstreits. Ganz selten hat jemand das Königtum einem anderen übergeben, ohne dass er dazu gezwungen war“[142]. Es ist besonders bei den islamischen Nationen natürlich, dass unter ihnen kein Königtum ohne Überwältigung und auch ohne Unterdrückung regierte. Denn der Islam ist die Religion, die sich nicht damit begnügt hat, ihren Anhängern die Idee der Brüderlichkeit und Gleichheit beizubringen, ihnen die Lehre zu erteilen, dass die Menschen gleich seien wie die Zähne eines Kamms[143], dass die in ihrem Besitz befindlichen Sklaven ihre Brüder in der Religion seien und dass die Gläubigen füreinander Beschützer seien[144]. Der Islam hat sich damit nicht begnügt, seinen Anhängern diese Lehre

[139] Muqaddima, S. 132 (Fn.-Rāziq).
[140] Chosrau (531–579), genannt Anū Širwān, persischer Großkönig aus dem Geschlecht der Sassaniden.
[141] Muqaddimat Ibn Ḫaldūn, S. 38 (Fn.-Rāziq).
[142] Muqaddimat Ibn Ḫaldūn, S. 146 (Fn.-Rāziq).
[143] Eine Anspielung auf einen bekannten, allerdings schwach überlieferten ḥadīṯ.
[144] Eine Anspielung auf Koran 9:71.

nur theoretisch zu erteilen, sondern er hat sie ihnen praktisch auferlegt, sie damit erzogen und darauf eingestellt. Der Islam hat ihnen auf Brüderlichkeit und Gleichheit beruhende Bestimmungen verordnet, sie die Geschehnisse und Ereignisse erleben lassen. So haben sie die Brüderlichkeit tief empfunden und die Gleichheit konkret gefühlt. Ihr getreuer Gesandter (Gottes Segen und Frieden seien mit ihm) hat sie erst verlassen, nachdem er ihre Herzen mit dieser Religion erfüllt und ihnen diese Lehre verinnerlicht hat. Ihr Staat konnte sich nur gründen, als man seinem Kalifen auf der Kanzel zurief: Wenn wir an Dir Abweichungen erkennen, werden wir Dich mit unseren Schwertern korrigieren[145].

Es ist für jene Muslime, die sich der Freiheit verschrieben haben und deren Wege praktisch beschreiten und die es ablehnen, sich irgendjemandem außer Gott, dem Herren aller Welten, zu unterwerfen, die sich ihrem Herrn in diesem Glauben mindestens siebzehnmal in ihren fünf Gebetszeiten zuwenden, natürlich, dass sie es als Stolze und Freie ablehnen, sich einem Mann unter ihnen oder von außerhalb zu unterwerfen. Sie lehnen voller Stolz die Unterwerfung ab, die die Könige von ihren Untertanen verlangen, es sei denn, sie müssen sich der Stärke oder der Macht des Schwertes beugen. Dies ist genau das, was vorher erwähnt worden ist, d.h., dass sich das Kalifat (im Sinne von Nachfolge) im Islam auf eine außerordentliche Macht stützt. Diese Macht war, von einigen seltenen Ausnahmefällen abgesehen, immer eine bewaffnete materielle Macht.

Es ist hier nicht von großer Bedeutung, den Grund hierfür zu wissen. Der Grund könnte in dem Erwähnten liegen. Vielleicht gibt es auch andere Gründe außer den erwähnten. In diesem Zusammenhang ist jedoch die Feststellung von Relevanz, dass sich das Kalifat tatsächlich und ohne Zweifel auf die Macht stützt. Es ist dann egal, ob diese konkrete Realität mit den Bestimmungen des Verstandes und mit den Vorschriften der Religion im Einklang steht oder nicht. Dass das Kalifat auf Macht und Unterdrückung beruht, bedeutet nichts anderes als die Einschüchterung[146] desjenigen, der sich gegen die Stellung des Kalifats wendet oder diese Stellung angreift. Ferner bedeutet dies, das Schwert bereit zu halten gegen denjenigen, der gegen diesen Thron kämpft[147] und für die Erschütterung seiner Säulen sorgt.

Ein anschauliches Beispiel dafür findet sich in der Geschichte des Treueeids für Yazīd, als einer der Verfechter[148] dieses Treueeids in der Veranstaltung das Wort

---

[145] Diese Aussage soll dem zweiten Kalifen ʿUmar b. al-Ḫaṭṭāb übermittelt worden sein.

[146] Eine Anspielung auf Koran 9:107.

[147] Eine Anspielung auf Koran 7:73.

[148] Im zweiten Teil von Al-ʿiqd al-farīd (Die einzigartige Kette) von Ibn ʿAbd Rabbuh, S. 307 heißt es zusammengefasst: Als Muʿāwiya b. Abī Sufyān die Huldigung für Yazīd durchführen wollte, hatte er im Jahre 55 in alle Länder geschrieben, dass sie zu ihm kommen sollten. Folglich kam aus jedem Land eine Gruppe zu ihm. Er setzte sich unter seine Gefolgsleute und ließ die Delegationen ein. Im Vorfeld verlangte er von seinen Gefolgsleu-

ergriff. Er fasste, was zu erklären war, kurz und bündig zusammen, sodass er keinem, der den Wunsch zu reden hatte, eine Chance ließ. Er sagte: „Der Herrscher der Gläubigen ist dieser Mann“ und zeigte auf Muʿāwiya. „Wenn er stirbt, dann dieser Mann“ und zeigte auf Yazīd. „Wer dies ablehnt, wird das zu spüren bekommen“ und zeigte auf seinen Säbel.

9) Alles, was mit dem Schwert genommen und durch das Schwert geschützt wird, ist für die Menschen kostbar. Es fällt schwer, dies zu vernachlässigen oder auf einen Teil davon zu verzichten. Ganz zu schweigen von der Herrschaft und der Macht. Sie sind immer wertvoll, selbst wenn man sie ohne Gewalt[149] erlangt. Wenn sie jedoch durch Macht und Überwältigung entstehen, hält man daran noch stärker fest, verteidigt sie mit seinem Leben, macht sich um sie mehr Sorgen als um Vermögen und Ehre und ist davon viel mehr begeistert als von allen anderen Vorteilen und Genüssen im irdischen Leben.

10) Wenn es in diesem irdischen Leben etwas gibt, das den Menschen zu Unterdrückung und Unrecht führt und ihm Aggression und Ungerechtigkeit leicht macht, dann ist dies die Stellung des Kalifen. Wie dargestellt wurde, ist diese Stellung das Begehrteste, wonach man verlangt, und das Wichtigste, worum man sich Sorgen macht. Wenn sich die größte Liebe und der stärkste Eifer mit Unterstützung einer überwältigenden Macht vereinen, dann gilt nur die Tyrannei und regiert nur das Schwert.

Man möge all das, was hier an allgemeinen Regeln und abstrakten Theorien erzählt wird, außer Acht lassen. Die geschichtlichen Ereignisse sind jedoch auf einer wohlverwahrter Tafel[150] festgeschrieben. Hat denn Yazīd b. Muʿāwiya etwas anderes als die Liebe zum Kalifat, als der Eifer danach und als die Machtfülle dazu geführt, das ehrenhafte, reine Blut von al-Ḥusain b. Fāṭima, der Tochter des Gesandten Gottes, (Gott segne ihn und schenke ihm Heil) anzutasten? Gibt es außer diesen Faktoren etwas anderes, das Yazīd b. Muʿāwiya dazu verlockt hat, die Ehre der Hauptstadt des ersten Kalifats zu verletzen, obwohl sie die Stadt des Gesandten (Gott segne ihn und schenke ihm Heil) ist? Hat ʿAbd al-Malik b. Marwān den Angriff auf das Heilige Haus Gottes und seine unantastbaren Orte aus einem anderen Grund als aus Liebe zum Kalifat, aus Eifer und Machtfülle für erlaubt gehalten? Ist Abū al-ʿAbbās ʿAbdullah b. Muḥammad b. ʿAlī b. ʿAbdullah b. al-ʿAbbās aus einem anderen Grund zu einem Mörder geworden, obwohl es doch um das Blut der Muslime ging und die Banū Umaiya (Umayyaden) seinem Stamm angehörten?

---

ten, sich zu Yazīd zu äußern. Einige von ihnen kamen zu Wort. Dann stand Yazīd b. al-Muqaffaʿ auf und sagte: „Der Herrscher der Gläubigen ist dieser Mann“… s.o. Dann sagte Muʿāwiya zu ihm: „Setz dich, Du bist der Herr der Redner“ (Fn.-Rāziq).

149 Im Original heißt es: *Ohne Handeln des Schwertes*.

150 Arab. lauḥ maḥfūẓ. Eine Anspielung auf Koran 85:22.

Auf die gleiche Art und Weise haben sich die Banū al-'Abbās (Abbasiden) gestritten und sich gegenseitig tyrannisiert. Das Gleiche haben die Ghaznawiden[151] gemacht. Ferner hat aṣ-Ṣāliḥ Naǧm ad-Dīn al-Aiyūb[152] seinen Bruder al-'Ādil Abū Bakr b. al-Kāmil[153] bekämpft, abgesetzt und verhaftet. Die Könige im Staat der Mamluken[154] und der Tscherkessen[155] wurden immer wieder abgesetzt und getötet. Dies alles war nur eine Folge der Liebe zum Kalifat und des Eifers. Hinter der Liebe und dem Eifer stand eine unterdrückende Macht. Dies bezieht sich auch auf das Reich der Osmanen[156].

11) Der Eifer um das Königtum führt den König dazu, seinen Thron gegen alles zu schützen, was seine Grundlagen erschüttern, seine unantastbare Ehre verletzen oder seine Heiligkeit vermindern könnte. Deshalb war es kein Wunder, dass der König zu einem Mörder bzw. zu einem aufsässigen Satan[157] geworden ist, wenn er denjenigen erreichte, der gegen ihn zu rebellieren oder seinen Thron niederzureißen versuchte. Es ist auch natürlich, dass der König ein Erzfeind jedweder Forschung ist, selbst wenn sie wissenschaftlich ist, da er denkt, dass sie die Grundlagen seines Königtums berühren könnte oder davon der Geruch einer Gefahr, selbst wenn diese weit entfernt ist, wahrzunehmen wäre. Aus diesen Gründen sind die königliche Unterdrückung der Wissenschaft und der königliche Despotismus in Bezug auf die Bildungseinrichtungen entstanden, wenn immer die Könige dazu einen Weg fanden. Es ist kein Zweifel, dass die Politikwissenschaft für den König eine der gefährlichsten Wissenschaften ist, weil sie die Arten, die Eigenschaften, die Systeme der Herrschaft usw. erklärt. Daher mussten die Könige diese Wissenschaft anfeinden und deren Wege den Menschen versperren.

Dies ist die Erklärung[158] für den spürbaren Mangel der islamischen Renaissance[159] in Bezug auf die Gebiete der Politik sowie dafür, dass die

---

[151] Die Ghaznawiden waren eine muslimische Dynastie, die von 977 bis 1186 im östlichen Iran herrschte. Der Name der Dynastie ist vom Namen der Stadt Ghazna abgeleitet. Arab. Banū Sabuktatīn.

[152] Aṣ-Ṣāliḥ Naǧm ad-Dīn al-Aiyūb (gest. 1249) gehört zu den Ayyubiden, einer islamisch-kurdischen Dynastie, die von 1171–1252 in Ägypten herrschte.

[153] Al-'Ādil Abū Bakr b. al-Kāmil (gest. 1248) war von 1238 bis 1240 der fünfte Sultan der Ayyubiden in Ägypten.

[154] Die Mamluken waren ursprünglich Militärsklaven türkischer Herkunft, die in einigen islamischen Gebieten eingesetzt wurden. Im Jahre 1250 konnten sie in Ägypten die Herrschaft erringen.

[155] Die Tscherkessen stammen aus dem Kaukasus. Die tscherkessischen Sultane regierten in Ägypten von 1382 bis 1517.

[156] Siehe dazu auch „Das Buch vom Kalifat" von Sir Arnold (Fn.-Rāziq).

[157] Eine Anspielung auf Koran 37:7.

[158] Im Original heißt es ta'wīl im Sinne von Deutung oder Interpretation, eine Anspielung auf Koran 18:82.

wissenschaftliche Bewegung der Muslime die Politik nicht erforscht hat, dass die Wissenschaftler darauf nicht in einer Art und Weise, die ihrer Intelligenz gebührt, eingegangen sind, so wie sie sich mit anderen Wissenschaften befasst haben.

12) Wenn es so ist, dann ist es kein Wunder, dass die politische wissenschaftliche Bewegung der Muslime schwach ist, und dass die Politik bei ihnen einen geringen Wert hat. Es ist aber zu bewundern, dass diese Wissenschaft bei ihnen nicht ausgestorben ist bzw. nicht total ausgerottet wurde. Es ist ein großes Wunder, dass einige politikwissenschaftliche Ansätze trotz dieses lähmenden Drucks, trotz der auf Lauer liegenden Macht und trotz der sie umgebenden Gewalt in wissenschaftliche Kreise eindringen konnten, dass von einigen wenigen Gelehrten Meinungen zu politischen Fragen gegen den Willen der Kalifen zu finden sind. Wenn ich das vorliegende Buch nur der Darstellung der islamischen, königlichen Unterdrückung aller Politikwissenschaften, aller politischen Bewegungen oder jeder politischen Tendenz widmen würde, wäre dieses für eine ausführliche Auseinandersetzung nicht ausreichend, selbst wenn man das Buch um weitere Bände erweitern würde. Zudem wäre ich nicht fähig, dies vollständig darzustellen. Deshalb reicht hier der allgemeine Hinweis in der Hoffnung, dass der Leser bald einige Untersuchungen zu dieser Frage findet.

Nun zurück zur Aussage „Die umma war sich einig, das der Imam eingesetzt werden muss. Dies hat sich als Konsens herausgebildet und beweist die Verpflichtung für das Einsetzen des Imams".

Wenn bewiesen würde, dass sich die umma in jeder Zeit zur Huldigung des Imams nicht geäußert habe, wäre dies ein impliziter Konsens. Wenn ferner bewiesen würde, dass die umma vollzählig an der Huldigung des Imams in jeder Zeit teilgenommen und das Imamat anerkannt habe, wäre dies ein expliziter Konsens. Wenn dies überliefert worden wäre, würde ich es als einen expliziten Konsens zurückweisen und ablehnen, daraus eine islamisch-rechtliche Bestimmung abzuleiten und diese als einen Beleg in der Religion anzunehmen. Denn es wurde bereits in der Geschichte über Yazīd[160] klargestellt, wie die Huldigung zu erreichen und die Anerkennung gezwungenermaßen zu schaffen waren. Halten wir hier kurz inne. Ich habe noch weit mehr[161] dazu zu sagen.

Die Geschichte von Yazīd b. Muʿāwiya erinnert an die von Faiṣal b. Ḥusain b. ʿAlī. Sein Vater Ḥusain b. ʿAlī war einer der arabischen Emire, die sich im ersten Weltkrieg auf der Seite der Alliierten im Widerstand gegen die Türken und ihren Sultan, den Kalifen der Muslime, befanden. Seine Kinder von der Arabischen Halbinsel und deren Umgebung haben daher die Armeen der Alliierten nach besten Kräften unterstützt und deren türkische, deutsche und andere Feinde

159 Arab. nahḍa.
160 S. 28 (Fn.-Rāziq). In der Übersetzung S. 53 f.
161 Eine Anspielung auf Koran 50:35.

verlassen. Besonders Faiṣal, einer dieser Kinder, hatte zu den Engländern aufgrund seiner Tapferkeit und Treue ein enges Verhältnis. Folglich haben sie ihn als König von Großsyrien[162] ernannt. Kaum hatte er sich dort niedergelassen, haben die französischen Armeen sein Königreich angegriffen. Da flüchtete er, ließ sein Königreich, seinen Thron u.a. zurück, um nach England zu gelangen. Von dort aus haben ihn die Engländer in den Irak gebracht und als König ernannt. Die Engländer behaupteten, dass die Leute des Lösens und Bindens[163] aus der irakischen umma Faiṣal zum König durch Konsens gewählt hätten, abgesehen von einigen wenigen Gegnern ohne Einfluss, die von Ibn Ḫaldūn – wie oben erwähnt – als Ausnahmen bezeichnet wurden.
Tatsächlich[164] haben die Engländer nicht gelogen. Denn sie haben formal eine rechtlich freie Wahl durchgeführt und die führenden Personen im Irak zur Rate gezogen. Diese waren der Meinung, Faiṣal als König für ihr Land zu wählen. Es besteht jedoch kein Zweifel, dass das Verfahren, wonach der Redner von Muʿāwiya die Huldigung für Yazīd festlegte, dem Verfahren, wodurch die Engländer den Konsens der Iraker über das Imamat von Faiṣal geschaffen haben, gleicht. Kann man dies wirklich Konsens nennen?
Der Beweis eines solchen behaupteten Konsenses wäre kein Konsens, auf den man sich stützen könnte. Wieso sollte dies sein, wenn doch die Ḫāriǧiten meinen, das Einsetzen des Kalifen sei überhaupt nicht vorgeschrieben[165]. Diese Meinung vertrat auch der Muʿtazilit al-Aṣamm und andere Muʿtaziliten, wie bereits vorher erwähnt.[166] Es reicht in diesem Zusammenhang als Widerlegung der Konsensbehauptung aus, dass al-Aṣamm und die Ḫāriǧiten dagegen waren, selbst wenn Ibn Ḫaldūn sie als Ausnahmen betrachtet.

13) Es wurde schon klargestellt, dass der edle Koran das Kalifat weder erwähnt noch darauf hingewiesen hat. Die Sunna des Propheten hat es auch außer Acht gelassen, und es hat kein Konsens darüber bestanden. Kann man einen weiteren religiösen Beweis dafür außerhalb von Koran, Sunna oder Konsens finden? Ja. Es gibt einen anderen Beweis, weitere kenne ich nicht. Er ist der letzte Beweis, auf den man zurückgreift, und zugleich der schwächste Beweis. Es wird behauptet, vom Einsetzen des Imams sei das Praktizieren der religiösen Rituale bzw. das Wohlergehen der umma usw. abhängig[167].

---

162 Arab. aš-Šām.

163 Vgl. Fn. 45 und Fn. 133.

164 Arab. laʿamruka („bei deinem Leben"). Der Autor will damit eine Wertschätzung des Lesers vermitteln und spielt auf Koran 15:72 an, der einen Schwur beim Leben von Lot enthält.

165 Vgl. Al-mawāqif (Die Situationen), S. 463 (Fn.-Rāziq).

166 S. 12 (Fn.-Rāziq). In der Übersetzung S. 41.

167 Dieser Beweis ist vorher angeführt worden, siehe S. 13 (Fn.-Rāziq). In der Übersetzung S. 41 f.

14) Das Allgemeinbekannte, worüber sich die Politikwissenschaftler einig sind, ist, dass die Integrität einer zivilisierten und geordneten Nation von einer Regierung abhängig ist, welche ihre Aufgaben korrekt bewältigt. Dabei ist es unerheblich, ob diese Nation eine Religion besitzt oder nicht, ob sie muslimisch, christlich, jüdisch oder religiös gemischt ist, welchen Glauben, welche Rasse, welche Hautfarbe und welche Sprache sie prägt. Diese Regierung kann verschiedene Formen und Bezeichnungen haben, sie kann konstitutionell oder diktatorisch, republikanisch oder bolschewistisch usw. sein. Die Politikwissenschaftler mögen sich vielleicht über die Bevorzugung einer Regierungsform streiten. Es ist mir aber kein Streit unter ihnen oder unter anderen darüber bekannt, dass eine Nation irgendeine Regierungsform unbedingt braucht. Dafür haben die Politikwissenschaftler Beweise, auf die hier nicht eingegangen wird, weil sie nicht hierher gehören. Allerdings gibt es keinen Zweifel, dass diese Meinung im Allgemeinen richtig ist, dass eine Anarchie ohne ein Oberhaupt nicht korrigierbar ist. Wahrscheinlich hat Abū Bakr (Gott möge mit ihm zufrieden sein) dies gemeint, wenn er in seiner vorher erwähnten Rede sagt: „Diese Religion braucht unbedingt jemanden, der Verantwortung dafür trägt." Der edle Koran zeigt wahrscheinlich diese Richtung an. Gott sagt in der Sure az-zuḫruf (Der goldene Prunk): „Verteilen etwa sie die Barmherzigkeit deines Herrn? Wir verteilen den Lebensunterhalt auf Erden unter ihnen und erhöhen die einen von ihnen im Rang über die anderen, sodass die einen den anderen von Nutzen sind. Doch deines Herrn Barmherzigkeit ist besser als das, was sie zusammentragen."[168]

Gott sagt auch in der Sure al-mā'ida (Der Tisch): „Und die Leute des Evangeliums sollen nach dem urteilen, was Allah darin herabgesandt hat; und wer nicht Urteil nach dem spricht, was Allah herabgesandt hat – das sind fürwahr Frevler. Und wir sandten zu dir in Wahrheit das Buch hinab, (vieles) bestätigend, was ihm an Schriften vorausging, und (über ihren Wahrheitsgehalt) Gewissheit gebend. Darum richte zwischen ihnen nach dem, was Allah hinabsandte. Folge nicht ihren Neigungen, um nicht von der Wahrheit, die zu dir gekommen ist, abzuweichen. Jedem von euch geben wir ein Gesetz und einen Weg. Wenn Allah gewollt hätte, hätte Er euch zu einer einzigen Gemeinde gemacht. Doch Er will euch in dem prüfen, was er euch gegeben hat. Wetteifert darum im Guten. Zu Allah ist eure Heimkehr allzumal, und Er wird euch dann darüber aufklären, worüber ihr uneins seid. Und so richte unter ihnen nach dem, was Allah hinabgesandt hat, und folge nicht ihren Neigungen, und hüte dich vor ihnen, damit sie dich nicht dazu verführen, von etwas abzuweichen, das Allah zu dir hinabgesandt hat. Und wenn sie den Rücken kehren, so wisse, dass Allah sie für manche ihrer Sünden treffen will. Wahrlich viele Menschen sind Frevler. Wünschen sie sich etwa die Rechtsprechung aus der Zeit der Unwissenheit? Wer aber richtet

[168] Koran 43:32

besser als Allah, für Leute, die im Glauben fest sind? O ihr, die ihr glaubt! Nehmt nicht Juden und Christen zu Freunden. Sie nehmen einander zu Freunden. Wer von euch sie zu Freunden nimmt, siehe, der wird einer von ihnen. Fürwahr, Allah leitet ungerechte Leute nicht."[169]

15) Nun kann man mit Recht sagen, dass die Muslime, wenn man sie als eine isolierte Gemeinschaft betrachtet, wie alle anderen Nationen auch eine Regierung brauchen, die ihre Dinge regelt und ihre Angelegenheiten betreut.
Wenn die fiqh-Gelehrten mit dem Imamat und dem Kalifat etwas meinen, das die Politikwissenschaftler unter der Regierung verstehen, dann ist es richtig, was sie sagen, dass das Praktizieren der religiösen Rituale bzw. das Wohlergehen des Volkes vom Kalifat im Sinne einer Regierung abhängig ist, wie auch immer Form und Art der Regierung sein sollten, ob absolut oder eingeschränkt, autokratisch oder republikanisch, konstitutionell, diktatorisch oder šūrā-bezogen, demokratisch, sozialistisch oder bolschewistisch. Aus ihrem Beweis geht nicht mehr hervor. Wenn die fiqh-Gelehrten jedoch mit dem Kalifat diese besondere Regierungsart, die sie kennen, meinen, dann ist ihr Beweis für ihre Behauptung ungeeignet und ihr Argument nicht zwingend.

16) Es ist eine konkrete, durch den Verstand bestätigte und durch die Geschichte sowohl in der Vergangenheit als auch in der Gegenwart bewiesene Realität, dass die Rituale des Erhabenen Gottes und die Äußerungen Seiner edlen Religion weder von dieser Regierungsart, die die fiqh-Gelehrten Kalifat nennen, noch von denjenigen, die man Kalifen bezeichnet, abhängig sind. Ferner ist es auch eine Tatsache, dass das Wohlergehen der Muslime in ihrem irdischen Leben nicht darauf angewiesen ist, da man dieses Kalifats weder für die religiösen noch für die irdischen Angelegenheiten bedarf. Man kann dazu noch viel mehr sagen. Denn das Kalifat war und ist ein Unglück für die Muslime und für den Islam und eine Quelle des Bösen und der Verdorbenheit. Später wird darauf ausführlicher eingegangen. Hier reicht es zunächst, die konkrete Realität aufzuzeigen, damit man einsieht, dass sowohl die Religion als auch das irdische Leben dieses islamisch-rechtlichen[170] Kalifats nicht bedürfen.

17) Es wurde schon anhand von Ibn Ḫaldūns Aussagen dargestellt, dass „sowohl die Bezeichnung als auch die Spuren des Kalifats verloren gingen, als das Zusammengehörigkeitsgefühl der Araber zerbrochen, ihre Generation erloschen und ihre Lebensverhältnisse verschwunden waren. Es handelte sich danach nur um reines Königtum … dem Kalifen gehörte nichts davon".[171] Ist denn bekannt geworden, dass dadurch an den Säulen der Religion ein Riss entstanden ist oder

[169] Koran 5:47-51.
[170] Arab. fiqhī (Adjektiv von fiqh).
[171] Vgl. S. 6 (Fn.-Rāziq). In der Übersetzung S. 35 f.

die Interessen der Muslime zunichte gemacht worden sind, auf eine Art und Weise, die das Kalifat hätte vermeiden können, wenn es dieses gegeben hätte?

Seit der Mitte des dritten Jahrhunderts (h.) hat das Kalifat begonnen, sich in alle Richtungen zu verkleinern[172], bis es einen kleinen Kreis um Bagdad nicht mehr überschreiten konnte. „Chorasan und Transoxanien gehörten Ibn Sāmān[173] und seinen Nachkommen, Baḥrain den Qarmaten[174], der Jemen Ibn Ṭabāṭibā[175], Esfahan und Fars den Buyiden[176], Baḥrain und Oman einem Zweig der Qarmaten, der dort einen unabhängigen Staat gegründet hat..., Ahvaz[177] und Wāsiṭ[178] gehörten Mu'izz ad-Daula[179], Aleppo Saif ad-Daula[180], Ägypten Aḥmad b. Ṭūlūn[181] und nach ihm den Königen, die Ägypten eroberten, in ihren Besitz brachten und allein regierten, wie die Ikhschididen[182], die Fatimiden[183], die Ayyubiden[184], die Mamluken u.a."[185] Dies ereignete sich, wobei die Religion in jenen Tagen in Bagdad, dem Hauptsitz des Kalifats, nicht besser war als in den anderen Ländern, die sich vom Kalifat losgelöst haben. Weder waren die Rituale der Religion in Bagdad stärker spürbar und die Stellung der Religion dort höher, noch waren das irdische Leben und die Lage des Volkes besser.

---

172 Eine Anspielung auf Koran 13:41.

173 Asad b. Sāmān war einer der iranischen Samaniden-Herrscher, die von 819 bis 1005 in Transoxanien und Chorasan regierten.

174 Die Qarāmiṭa waren eine Gruppierung, die auf das Wirken von Ḥamdān Qarmāṭ in den Jahren 890 bis 906 zurückgeht und sich auf die schiitischen Ismailiten gründet.

175 Muḥammad b. Ibrāhīm Ṭabāṭibā (etwa 789-815 in Kufa) war ein Urenkel des vierten Kalifen und 1. Imams 'Alī b. Abī Ṭālib. Es handelt sich hier allerdings um seinen Enkelsohn Yaḥyā (gest. 911), der 896-911 die zaiditische Herrscherdynastie im Jemen gegründet hat.

176 Die Buyiden waren eine persisch-schiitische Dynastie, die 932-1056 im Irak und in Fars regierte.

177 Die Hauptstadt der Provinz Chuzestan in Iran.

178 Al-wāsiṭ ist ein irakisches Gouvernement an der Grenze zu Iran.

179 Aḥmad Mu'izz ad-Daula (932-1066) war ein Herrscher der Buyiden.

180 'Alī Saif ad-Daula (945 – 967) ist ein der Hamdaniden-Herrscher.

181 Aḥmad b. Ṭūlūn (835- 884) begründete die türkischen Tuluniden-Dynastie in Ägypten und regierte von 868 bis 884.

182 Die Ikhschididen (iḫšīdīyūn) waren eine türkische Dynastie, die von 935 bis 969 in Ägypten herrschte.

183 Die Fatimiden waren eine schiitisch-ismailitische Dynastie, die von 909 bis 1171 in Nordafrika regierte.

184 Die Ayyubiden waren eine muslimisch-kurdische Dynastie, die von 1171–1252 in Ägypten herrschte.

185 Tārīḫ al-ḫulafā' (Die Geschichte der Kalifen), aus dem Französischen von Naḫla Bey Ṣāliḥ Šafawāt, S. 64 f. (Fn.-Rāziq).

18) Das Kalifat in Bagdad ist Mitte des 7. Jahrhunderts (h.) durch den Angriff der Tataren gefallen, die den abbasidischen Kalifen al-Musta'ṣim bi-llah[186] zusammen mit seiner Familie und die Größen seiner Dynastie getötet haben. „So blieb der Islam drei Jahre lang ohne einen Kalifen."[187]

19) Damals war das Königtum in Ägypten in den Händen von aẓ-Ẓāhir Baibars[188]. Aus irgendwelchen Gründen hat dieser Schlaukopf Überlebende der Abbasiden ausfindig gemacht, bis ihn das Glück zu einem Mann geführt hat, von dem behauptet wurde, er gehöre zu den Überresten des abbasidischen Kalifats und stamme aus den Trümmern dieses Herrscherhauses. Aẓ-Ẓahir wollte es so. Folglich hat er aus ihm ein Kalifat in Ägypten gemacht, dessen Schlösser und Schlüssel er sämtlich in seinen Händen hielt. Aẓ-Ẓahir nahm Skelette und nannte sie Kalifen der Muslime. Er zwang die Muslime, sich zur Majestät dieser Kalifen zu bekennen. Er allein hielt die Zügel dieser Skelette in der Hand und verfügte über ihr Tun und Lassen sowie ihre Zungenspitzen. Dies war auch die gewohnte Handlungsweise der tscherkessischen Könige in Ägypten nach al-Malik aẓ-Ẓahir, bis die osmanischen Könige das Kalifat im Jahre 923 (h.) übernommen haben.
Waren diese gelähmten Statuen, die die ägyptischen Könige aufgestellt und Kalifen genannt haben, von irgendwelcher Bedeutung für die Interessen der Muslime, sei es für ihre Religion oder sei es für ihr irdisches Leben? Es waren eher Götzen, die man bewegt, und Tiere, die man sich dienstbar macht[189]. Und was ist mit diesen großen, islamischen Ländern außerhalb von Ägypten, die die Schlinge des Kalifats abgelegt, dessen Macht abgelehnt, größtenteils weit weg vom Schatten der Kalifen und von der götzendienerischen Unterwerfung unter eine behauptete religiöse Erhabenheit gelebt haben und noch leben? Hat jemand gesehen, dass die Rituale der Religion besonders dort vernachlässigt oder die Angelegenheiten des Volkes ohne Aufsicht gelassen worden sind? Oder ist ihr Leben dunkel geworden, als der Planet des Kalifats dort gesunken ist, oder ist die Gnade der Erde und des Himmels ausgetrocknet, als die Kalifen verschwunden sind? Keineswegs.

Sie sind gegangen, aber die Welt hat ihren Tod nicht beweint.
Die Festtage und die Freitagsgebete wurden nicht eingestellt.

---

[186] Al-Musta'ṣim bi-llah (1212-Februar 1258) war der 37. und letzte abbasidische Kalif von Bagdad.

[187] Tārīḫ al-ḫulafā', S. 77 (Fn.-Rāziq).

[188] Aẓ-Ẓāhir Rukn ad-Dīn Baibars (1223-1277) wurde 1260 zum Sultan von Ägypten und Syrien ernannt.

[189] Eine Anspielung auf Koran 7:54.

20) Gott behüte![190] Der Erhabene Gott will nicht, dass die Würdigung bzw. die Demütigung dieser Religion, für deren Erhaltung Er bürgt, von einer Regierungsart oder einer Form des Emirats abhängig ist. Ferner will der Erhabene Gott nicht, dass das Wohlergehen oder das Verderben Seiner muslimischen Diener vom Kalifat abhängig ist und der Gnade der Kalifen unterliegt.

Der Erhabene Gott bewahrt Seine Religion am besten und ist Seinen Dienern am barmherzigsten.

Hoffentlich ist das Dargelegte überzeugend, dass das so genannte Kalifat oder Großimamat nichts ist, was auf der Basis der wahrhaften Religion oder des intakten Verstandes beruht. Das, was man als Beweis dafür angibt, ist beim näheren Hinsehen keineswegs ein Beweis.

Der Leser hat nun Anspruch darauf, nach unserer persönlichen Meinung zum Kalifat und zu dessen Ursprung zu fragen. Wir sind dazu verpflichtet, dies dem Leser klarzustellen. Dabei bitten wir den Erhabenen Gott um Unterstützung, Rechtleitung und Erfolg.

[190] Eine Anspielung auf Koran 12:23 und 12:79.

Zweites Buch[191]: Die Regierung und der Islam

Erstes Kapitel: Das Regierungssystem in der Prophetenzeit

1) Bei der Untersuchung der Geschichte der Gerichtsbarkeit zur Zeit des Propheten (Gott segne ihn und schenke ihm Heil) war zu merken, dass die Lage der Gerichtsbarkeit damals nicht frei von Dunkelheit und Unklarheit ist, was das Forschen erschwert. Aus diesem Grunde ist es schwierig, zu einer ausgereiften Haltung zu kommen, die die Wissenschaft anerkennt und den Forscher zufrieden stellt.
Es ist kein Zweifel, dass es eine Gerichtsbarkeit im Sinne einer Entscheidung oder einer Beilegung von Streitigkeiten zur Zeit des Propheten (Gott segne ihn und schenke ihm Heil) gab, wie es sie auch bei den Arabern und bei anderen vor dem Islam gegeben hat. Streitfälle sind vor den Propheten (Gott segne ihn und schenke ihm Heil) gebracht worden, und er hat darüber entschieden. Der Prophet (Gott segne ihn und schenke ihm Heil) sagte: „Ihr nehmt mich im Streit als Schiedsrichter. Einer von euch könnte intelligenter und verständiger sein als der andere. Demjenigen, dem ich dadurch das Recht seines Partners gebe, schneide ich ein Stück von der Hölle ab. Er soll es nicht nehmen.“[192]
Die zweifelsfrei überlieferte Geschichte zeigt einiges von den Entscheidungen in Angelegenheiten, die dem Propheten (Friede sei mit ihm) vorgelegt wurden. Will man allerdings etwas aus dem Gerichtsbarkeitssystem des Propheten (Gott segne ihn und schenke ihm Heil) schlussfolgern, stellt man fest, dass eine solche Schlussfolgerung nicht einfach, ja sogar unmöglich ist. Der Grund dafür ist, dass die überlieferten ḥadīṯe zur Prophetengerichtsbarkeit nicht ausreichen, um ein klares Bild über diese Gerichtsbarkeit und deren System zu zeichnen, wenn es denn überhaupt ein System gegeben hat.

2) Man merkt, dass die Lage der Gerichtsbarkeit zur Zeit des Propheten (Gott segne ihn und schenke ihm Heil) in jeder Hinsicht dunkel und unklar ist, sodass der Forscher nicht ohne weiteres erkennen kann, ob der Prophet (Gott segne ihn und schenke ihm Heil) jemanden anderen mit der Gerichtsbarkeit beauftragt hat oder nicht.
Es gibt drei Prophetengefährten, die nach Auffassung der Mehrheit der Gelehrten[193] die Gerichtsbarkeit zur Zeit des Gesandten Gottes (Gott segne ihn und schenke ihm Heil) übernommen haben.
Einige meinen:[194] „Der Gesandte Gottes (Gott segne ihn und schenke ihm Heil) hat ʿUmar b. al-Ḫaṭṭāb, ʿAlī b. Abī Ṭālib und Muʿāḏ b. Ǧabal (Gott möge mit

---

[191] Im Text versehentlich als bāb bezeichnet. Gemeint ist jedoch – in Übereinstimmung mit dem Aufbau des Werkes – Buch (kitāb).
[192] Al-Buḫārī im Kapitel über die Zeugenaussagen, S. 170, Bd. 3 (Fn.-Rāziq).
[193] Arab. ǧumhūr al-ʿulamāʾ. Vgl. Fn. 45.

ihnen zufrieden sein) mit dem Amt der Gerichtsbarkeit betraut.“ Zu ihnen sollte Abū Mūsā al-Aš‘arī (Gott möge mit ihm zufrieden sein) hinzugefügt werden, denn seine Tätigkeit wahr wohl mit der Mu‘āḏ b. Ǧabals vergleichbar.

3) Dass ‘Umar (Gott möge mit ihm zufrieden sein) die Gerichtsbarkeit zur Zeit des Propheten (Gott segne ihn und schenke ihm Heil) innehatte, ist geschichtlich gesehen eine seltsame Überlieferung. Anscheinend ist sie als Schlussfolgerung gezogen worden, da at-Tirmiḏī in seinem ḥadīṯ-Buch überliefert hat: „‘Uṯmān sagte zu ‘Abdullah b. ‘Umar: Geh und entscheide unter den Leuten! Er sagte: O, Führer der Gläubigen! Würdest Du mich davon freistellen! Was hast Du dagegen, fragte ‘Uṯmān, wo Dein Vater doch selbst Richter gewesen ist? Ibn ‘Umar sagte: Mein Vater war ja Richter. Wenn er jedoch dabei Schwierigkeiten hatte, fragte er den Gesandten Gottes (Gott segne ihn und schenke ihm Heil). Wenn der Gesandte Gottes (Gott segne ihn und schenke ihm Heil) selber nicht entscheiden konnte, fragte er Gabriel. Ich habe aber niemanden, den ich fragen kann.“[195]

4) Was ‘Alī b. Abī Ṭālib (Gott möge mit ihm zufrieden sein) betrifft, so hat der Prophet (Gott segne ihn und schenke ihm Heil) ihn, als er jung war, in den Jemen geschickt, um das Richteramt dort zu übernehmen. Abū Dāwūd (Gottes Gnade möge mit ihm sein) hat von ‘Alī b. Abī Ṭālib (Gott möge mit ihm zufrieden sein) überliefert: „Der Gesandte Gottes (Gott segne ihn und schenke ihm Heil) hat mich in den Jemen als Richter geschickt. Ich war damals jung und hatte keine Erfahrung auf dem Gebiet der Gerichtsbarkeit. Er sagte zu mir: Gott wird Dein Herz rechtleiten und Deine Zunge festigen. Wenn die Streitpartner vor dir stehen, dann entscheide nicht, bis Du von dem einen wie von dem anderen hörst. Dadurch verdeutlicht sich der Fall und die Entscheidung fällt Dir einfacher. So blieb ich als Richter und hatte nie Zweifel an einer Entscheidung.“ So hat dies auch Abū ‘Amrū b. ‘Abd al-Barr in seinem Werk Al-istī‘āb[196] erwähnt. Ferner erwähnt er, dass der Gesandte Gottes (Gott segne ihn und schenke ihm Heil) über seine Gefährten gesagt hat: „Der beste Richter unter ihnen ist ‘Alī b. Abī Ṭālib“.

---

[194] Gemeint ist Rifā‘a Bek Rāfi‘ in seinem Buch Nihāyat al-īǧāz fī sīrat sākin al-ḥiǧāz (Die maximale Zusammenfassung der Einwohnergeschichte des Ḥiǧāz), S. 429, nach dem Buch Taḫrīǧ ad-dalālāt as-sam‘īya (Die Prüfung der mündlich überlieferten Hinweise); (Fn.-Rāziq).

[195] Nihāyat al-īǧāz (Die maximale Zusammenfassung), S. 429 (Fn.-Rāziq).

[196] Übersetzt etwa: Die Umfassung.

Im Ṣaḥīḥ al-Buḫārī[197] steht in diesem Zusammenhang, dass der Gesandte Gottes (Gott segne ihn und schenke ihm Heil) Ḫālid b. al-Walīd vor der Abschiedswallfahrt[198] zusammen mit einer Gruppe von Prophetengefährten in den Jemen geschickt hat. Danach hat er an dessen Stelle ʻAlī dorthin gesandt, um den Fünften[199] zu kassieren. ʻAlī kam mit den Steuern zurück nach Mekka, wo sich der Prophet (Gott segne ihn und schenke ihm Heil) befand.
ʻAlī b. Burhān ad-Dīn al-Ḥalabī hat überliefert, dass der Gesandte Gottes (Gott segne ihn und schenke ihm Heil) ʻAlī (Gott möge sein Antlitz würdigen) mit einer Kampagne in den Jemen geschickt hat. Danach haben die Hamadān[200] sämtlich innerhalb eines Tages den Islam angenommen. Folglich hat ʻAlī dies dem Gesandten Gottes (Gott segne ihn und schenke ihm Heil) geschrieben. Als der Prophet das Schreiben gesehen hatte, warf er sich betend nieder, dann setzte er sich und sagte: Friede sei mit den Hamadān. Danach nahm das jemenitische Volk den Islam nach und nach an. Dies war die erste Kampagne. In einer zweiten hat der Gesandte Gottes (Gott segne ihn und schenke ihm Heil) ʻAlī (Gott möge sein Antlitz würdigen) zusammen mit 300 Reitern in die jemenitischen Gebiete der Maḏḥaǧ[201] geschickt. ʻAlī (Gott möge sein Antlitz würdigen) hat den Stamm angegriffen und die Beute eingesammelt. Danach ging er nach Mekka zurück und hat dort den Propheten (Gott segne ihn und schenke ihm Heil) bei der Abschiedswallfahrt getroffen usw.[202]

5) „Was Muʻāḏ b. Ǧabal betrifft, so hat der Gesandte Gottes (Gott segne ihn und schenke ihm Heil) ihn nach al-Ǧanad im Jemen geschickt, damit er den Leuten dort den Koran und die Vorschriften des Islam beibringen und für sie als Richter tätig werden sollte. Ferner hat der Prophet ihn damit beauftragt, die Almosensteuern von den Steuereintreibern im Jemen in Empfang zu nehmen. Dies geschah im Jahr der Eroberung von Mekka, d.h. im Jahre 8 (h.). Al-Ǧanad ist ein Ort in Jemen."[203]
Al-Buḫārī[204] sagt diesbezüglich: „Der Gesandte Gottes (Gott segne ihn und schenke ihm Heil) hat Abū Mūsā und Muʻāḏ b. Ǧabal in den Jemen geschickt. Jeder war für eine Provinz verantwortlich, da der Jemen aus zwei Provinzen be-

---

197 Vgl. Bd. 5, S. 163 f.: ʻAlī b. Abī Ṭālib (Friede sei mit ihm) und Ḫālid b. al-Walīd (Gott möge mit ihm zufrieden sein) wurden vor der Abschiedswallfahrt in den Jemen geschickt. Ṣaḥīḥ al-Buḫārī (Fn.-Rāziq).
198 Arab. ḥiǧǧat al-wadāʻ, erfolgte im Jahre 632.
199 Gemeint ist die Steuer, die ein Fünftel der Beute bzw. der Ernte beträgt. Vgl. Koran 8:41.
200 Ein jemenitischer Stamm.
201 Ein jemenitischer Stamm.
202 Vgl. As-sīra al-ḥalabīya (Die Prophetenbiografie von al-Ḥalabī), Bd. 3, S. 227-228 (Fn.-Rāziq).
203 Nihāyat al-īǧāz (Die maximale Zusammenfassung); (Fn.-Rāziq).
204 Ṣaḥīḥ al-Buḫārī, Bd. 5, S. 161-163; (Fn.-Rāziq).

stand. Der Prophet sagte zu ihnen: Ihr solltet alles vereinfachen und nicht erschweren, eine gute Nachricht verkünden und nicht abschrecken."
In einem anderen ḥadīṯ bei al-Buḫārī steht: „Der Prophet sagte zu Mu'āḏ b. Ǧabal: Du wirst Leute von den Buchanhängern treffen. Du sollst sie dann zum Bekenntnis einladen, dass es keinen Gott außer Allah gibt und dass Muḥammad der Gesandte Gottes ist. Wenn sie Dir gehorchen, dann teile ihnen mit, dass Gott ihnen fünf Gebete am Tag vorgeschrieben hat. Nehmen sie dies an, so sag ihnen, dass Gott ihnen eine Almosensteuer auferlegt hat, die von den Reichen kassiert und den Armen gegeben wird. Akzeptieren sie auch dies, so darfst Du ihre Vermögenswerte nicht antasten. Du solltest den Fluch des Benachteiligten fürchten, da es zwischen ihm und Gott kein Hindernis gibt."

Eine ähnliche Überlieferung gibt es von as-Saiyid Aḥmad Zainī Daḥlān in As-sīra an-nabawīya (Die Biografie des Propheten).[205] Es steht dort: „Der Prophet (Gott segne ihn und schenke ihm Heil) hat Abū Mūsā und Mu'āḏ b. Ǧabal vor der Abschiedswallfahrt im Jahre 10 oder im Jahre 9 oder im Jahre 8 (h.) bei der Eroberung von Mekka in den Jemen geschickt. Jeder war für eine Provinz verantwortlich. Mu'āḏ ging nach oben in Richtung Aden und war für al-Ǧanad zuständig, während Abū Mūsā nach unten ging."

Aḥmad, Abū Dāwūd, at-Tirmiḏī und andere haben den ḥadīṯ von al-Ḥāris b. 'Amrū, dem Sohn des Bruders von al-Muġīra b. Šu'ba, überliefert, in dem er sagt: „Einige Gefährten von Mu'āḏ haben von ihm erzählt, er habe, als der Prophet (Gott segne ihn und schenke ihm Heil) ihn in den Jemen geschickt hat, gesagt: Der Prophet hat ihn gefragt, wie er entscheiden würde, wenn er in einem Streitfall entscheiden sollte? Er sagte: ‚Ich entscheide nach dem Buch Gottes.' Der Prophet fragte: ‚Und wenn Du es im Buch Gottes nicht findest?' ‚Dann nach der Sunna des Gesandten Gottes', antwortete er. ‚Und wenn du es weder in der Sunna des Propheten noch im Buch Gottes findest?', fragte der Prophet weiter. ‚Dann bemühe ich mich nach besten Kräften, eine eigene Meinung zu bilden.', antwortete er. Dann legte der Gesandte Gottes (Gott segne ihn und schenke ihm Heil) seine Hand auf die Brust von Mu'āḏ und sagte: ‚Gott sei Dank, dass er den Gesandten des Gesandten Gottes rechtgeleitet hat, womit der Gesandte Gottes zufrieden ist.'"[206]

---

[205] Gedruckt am Rand von As-sīra al-ḥalabīya (Die Prophetenbiografie von al-Ḥalabī), Bd. 2, S. 367-368 (Fn.-Rāziq). Es handelt sich hierbei um die Lebensgeschichte Muḥammads.

[206] Zitiert nach aš-Šaukānī, Iršād al-fuḥūl ilā taḥqīq al-ḥaqq min 'ilm al-uṣūl (Die Rechtleitung der Großgelehrten zur Realisierung der Wahrheit in der Rechtsquellenlehre), S. 188. Der Verfasser, Muḥammad b. 'Alī b. Muḥammad aš-Šaukānī (gest. 1255 h.), hat über diesen ḥadīṯ gesagt, dass man über seine Überlieferungskette viel berichten kann. Jedoch wurde gesagt, dass er Akzeptanz gefunden habe; (Fn.-Rāziq).

6) Diese unterschiedlichen Überlieferungen, von denen ein Beispiel angeführt wurde, zeigen, dass es erlaubt ist, das vorher Erwähnte zu schlussfolgern, nämlich dass es nicht einfach ist, über die Lage der Gerichtsbarkeit zur Zeit des Propheten (Gott segne ihn und schenke ihm Heil) viel zu erfahren. Man hat schon gesehen, wie sich die Überlieferungen über einen einzigen Fall unterscheiden. ʿAlī wurde in den Jemen geschickt, um, wie die einen überliefern, das Richteramt zu übernehmen, während die anderen überliefern, um das Fünftel als Steuer[207] zu kassieren. Dies war auch bei Muʿāḏ der Fall. Er ist in den Jemen einer Meinung nach als Richter, einer anderen Meinung nach als Führer in einem Feldzug und einer dritten Meinung nach als Lehrer gegangen.
Der Verfasser von As-sīra an-nabawīya (Die Prophetenbiografie) hat einen Meinungsunterschied darüber überliefert, ob Muʿāḏ Statthalter oder Richter war: „Ibn ʿAbd al-Barr sagte, er war Richter. Al-Ġassānī dagegen sagte, er war Finanzinspektor[208]. Im ḥadīṯ von Ibn Maimūn steht ausdrücklich, dass er Leiter des Gebets[209] war, was bestätigt, dass er Statthalter war."[210]

7) Die fundierte Forschung zur Lage der Gerichtsbarkeit zur Zeit des Propheten (Gott segne ihn und schenke ihm Heil), entsprechende Überlegungen dazu sowie das volle Verständnis aller überlieferten ḥadīṯe und Geschichten in diesem Zusammenhang führen dazu, das System der islamischen Regierung im Allgemeinen zur Zeit des Propheten (Gott segne ihn und schenke ihm Heil) sowie die Art und Weise der Verwaltung der islamischen Monarchie[211] zu erforschen, wenn man überhaupt das, was Gott Seinem Propheten an Ländern eröffnet hat, Staat und Monarchie nennen darf.
Die Untersuchung des Systems der Gerichtsbarkeit zur Zeit des Propheten (Gott segne ihn und schenke ihm Heil) führt zu dem Ergebnis, dass andere Tätigkeiten und hauptsächliche Funktionen der Regierungen außerhalb der Gerichtsbarkeit zur Zeit der religiösen Botschaft nicht deutlich vorhanden waren. So kann ein objektiver Forscher ruhig behaupten, dass der Prophet (Gott segne ihn und schenke ihm Heil) keine Statthalter in den Ländern, die ihm Gott eröffnet hat, ernannt hat, damit sie in den Ländern die Geschäfte führen, die Angelegenheiten verwalten und die Dinge regeln. Alles, was darüber überliefert wird, dreht sich darum, dass der Prophet einen Heerführer, einen Finanzdirektor, einen Imam für

---

207 Arab. zakāt. Gemeint ist die Steuer, die ein Fünftel der Beute bzw. der Ernte beträgt. Vgl. Fn. 199.

208 Arab. amīr ʿalā al-māl.

209 Arab. amīr ʿalā aṣ-ṣalāt. In der islamischen Frühgeschichte bis zu Muʿāwiya war der Statthalter auch der Imam im Gebet. Von daher besteht immer noch das Problem, ob der Imam im Gebet, d.h. als religiöser Gelehrter, zugleich auch ein politischer Führer sein muss.

210 Vgl. As-sīra an-nabawīya (Die Biografie des Propheten) von Daḥlān, am Rand der As-sīra al-ḥalabīya (Die Prophetenbiografie von al-Ḥalabī) gedruckt, Bd. 2, S. 368 (Fn.-Rāziq).

211 Arab. mulk.

das Gebet, einen Koranlehrer oder einen Missionar[212] des Islam ernannte. Nichts davon war fortdauernd, sondern ereignete sich für kurze Zeit, wie man an denjenigen erkennt, die der Prophet (Gott segne ihn und schenke ihm Heil) mit der Führung der Missionen und Kampagnen beauftragte oder zu Stellvertretern in Medina bestimmte, wenn er zum Krieg aufbrach.
Wenn man die Aktivitäten der Gerichtsbarkeit und der Herrschaft überschaut und sich mit anderen Tätigkeiten beschäftigt, ohne die kein Staat auskommen kann, wie der Umgang mit Geldern und deren Ausgabe (Finanzen), die Bewachung von Menschen und Vermögen (Polizei) sowie andere Tätigkeiten, ohne die die kleinsten und einfachsten Regierungen nicht bestehen können, wird man mit Sicherheit davon in der Zeit der religiösen Botschaft nichts Deutliches finden, das man überzeugt und beruhigt als System der Prophetenregierung benennen kann.

8) In diesem Zusammenhang kann man bestätigen, dass sich die meisten Geschichtsschreiber, wenn sie die Biografie eines Kalifen oder eines Königs verfassten, vor allem mit der Erwähnung seines Personals, wie der Statthalter, der Führer im Krieg, der Richter usw. beschäftigten. Dafür verfassten sie eigene Studien, was bedeutet, dass sie sich deren Bedeutung für die Wissenschaft voll bewusst waren. Dafür haben sie entsprechende Mühe und Sorge investiert. Wenn sie sich aber mit der der Geschichte des Propheten (Gott segne ihn und schenke ihm Heil) befassten, fügten sie derartige Passagen zerstreut und unsystematisch ein. Sie behandelten dieses Thema auf eine andere Art und Weise, verglichen mit der Untersuchung anderer Zeiten. In den späteren Zeiten kennt man keinen, der diesen Pfad verlassen hätte, abgesehen von Rifā'a Bey Rāfi' aṭ-Ṭahṭāwī[213] in seinem Werk Nihāyat al-īǧāz fī sīrat sākin al-ḥiǧāz (Die maximale Zusammenfassung der Einwohnergeschichte des Ḥiǧāz) nach dem Buch Taḫrīǧ ad-dalālāt as-sam'īya (Die Prüfung der mündlich überlieferten Hinweise).

9) Immer wenn man die Situation der Gerichtsbarkeit zur Zeit des Propheten (Gott segne ihn und schenke ihm Heil) bzw. die Situation anderer Erscheinungen wie die der Regierungsgeschäfte und der Herrschaftsformen gründlich überdenkt, stößt man in der Untersuchung auf zunehmende Dunkelheit und Verborgenheit. Die Verwirrung im Denken erstreckt sich dabei von einer Unklarheit zu einer anderen und von einer Untersuchung zu einer anderen, bis das Denken schließlich einen Höhepunkt des Zweifels und der Verwirrung erreicht. Dann findet man sich vor ein anderes Problem gestellt, das einem als das größte aller Probleme bzw. als Ursprung der Verlegenheit und Verwirrung

[212] Arab. dā'iya.
[213] Rifā'a b. Badawī b. 'Alī b. Muḥammad b. 'Alī b. Rafi'. Seine Abstammung geht weiter bis Muḥammad al-Bāqir b. 'Alī Zain al-'Ābidīn. Er starb im Jahre 1290 h. Vgl. Iktifā' al-qanū' (Die Beschränkung auf das Genügsame); (Fn.-Rāziq).

entgegentritt. Dies ist die Grundlage, alle anderen Dinge sind Nebensachen, es ist das Wichtigste und alles andere hängt davon ab. Es handelt sich um ein Problem, das – wenn die Vernunft es erfolgreich lösen würde – alle Folgeprobleme vereinfachen, Dunkelheit und Unklarheit beseitigen könnte.
Wir gehen mit dem Leser dieses Problem an, indem wir einen Schritt vorwärts und einen anderen rückwärts machen. Erstens deswegen, weil die Lösung des Problems schwierig und das Denken darüber voller Fallstricke ist. Wenn man dabei von Gott nicht bestens unterstützt würde, bestünde keine Hoffnung, das Richtige darüber zu erfahren. Zweitens, weil das Abenteuer, dieses Thema zu erforschen, Anlass zu einem Angriff werden könnte. Das Feuer entzünden diejenigen, die die Religion nur als starres Gebilde kennen, das dem Verstand nicht zugänglich ist und worüber man sich keine Meinung bilden darf. Wir bitten aber Gott um Hilfe und erbitten Seine weise Rechtleitung in der Hoffnung, dem Leser das aufzudecken, was verborgen geblieben ist, ihm das zu öffnen, was verschlossen worden ist, und mit ihm zur klaren Wahrheit zu gelangen. Möge Gott es wollen!
Die Frage ist nun: War der Prophet (Gott segne ihn und schenke ihm Heil) sowohl Inhaber eines politischen Staates und Leiter einer Regierung als auch Gesandter einer religiösen Mission und Leiter einer religiösen Einheit oder nicht?

Zweites Kapitel: Die göttliche Botschaft und die Herrschaft

1) Man darf sich nicht davor fürchten zu untersuchen, ob der Gesandte Gottes (Gott segne ihn und schenke ihm Heil) ein König war oder nicht, und man darf diese Frage nicht als eine Gefahr für die Religion betrachten, sodass man vielleicht Angst vor der schlechten Wirkung auf den Glauben des Forschers haben müsste. Denn die Sache ist, wenn man sie begreift, nicht von einer solchen Bedeutung, dass sie einen Gläubigen aus dem Glauben herauslösen oder einen Gottesfürchtigen von der Gottesfurcht abbringen kann.

Die Sache scheint möglicherweise deshalb gefährlich zu sein, weil sie mit der Stellung des Prophetentums bzw. mit dem Rang des Gesandten Gottes (Gott segne ihn und schenke ihm Heil) verbunden ist. Trotzdem tastet sie in der Tat weder das Wesen der Religion noch die Hauptsäulen des Islam an.

Vielleicht ist diese Untersuchung, die von Muslimen bislang nicht offen geführt wurde und in der die Gelehrten zuvor nicht zu einer eindeutigen Meinung gelangt sind, etwas Neues im Islam. Wenn dem so ist, dann gibt es weder Häresie in der Religion noch eine Abweichung von den Rechtsschulen der Muslime, wenn ein Forscher die Meinung vertritt, dass der Prophet (Friede sei mit ihm) sowohl ein Gesandter als auch ein König war. Ebenso ist es weder Häresie noch Abweichung, wenn jemand dazu eine andere Meinung hat. Denn dies ist eine

Untersuchung, die nicht zum Bereich der religiösen Glaubensfragen gehört, mit deren Behandlung die Gelehrten vertraut sind und in welchem sie zu einem klaren Standpunkt gekommen sind. Sie gehört eher zum Bereich der wissenschaftlichen Forschung als zur Religion. In diesem Sinne solltest Du mutig daran gehen und keine Angst haben, denn Du befindest Dich in Sicherheit.[214]

2) Du weißt, dass die göttliche Botschaft nicht das gleiche ist wie Königtum und dass es dazwischen nichts gibt, was dies in irgendeiner Weise bedingen könnte. Das Prophetentum hat seinen Stellenwert und das Königtum einen anderen. Wie viele Könige sind keine Propheten oder Gesandte Gottes gewesen. Wie viele der Gesandten Gottes (Er sei gepriesen) waren keine Könige. Im Gegenteil, die meisten Gottesgesandten, die wir kennen, waren nichts anderes als Gottesgesandte.

Jesus (Friede sei mit ihm), der Sohn von Maria, war der Gesandte der christlichen Mission und forderte trotzdem dazu auf, dem Kaiser gehorsam zu sein. Er glaubte an die Macht des Kaisers und sagte zu seinen Anhängern diese viel sagende Äußerung: „Dann gebt dem Kaiser, was dem Kaiser gehört, aber gebt Gott, was Gott gehört!“[215]

Yūsuf b. Ya‘qūb[216] (Friede sei mit ihm) war einer der Beamten in der Dynastie von ar-Raiyān b. al-Walīd, dem Pharao Ägyptens. Danach arbeitete er bei Qābūs b. Muṣ‘ab.[217]

Wir kennen in der Prophetengeschichte – bis auf wenige Ausnahmen – keinen, dem Gott die Botschaft und das Königtum zusammen gegeben hat.

Gehört Muḥammad (Gott segne ihn und schenke ihm Heil) zu denjenigen, denen Gott sowohl die Botschaft als auch das Königtum gegeben hat, oder war er nur ein Gesandter und kein König?

3) Uns ist kein Gelehrter bekannt, der in dieser Frage eine klare Meinung hat. Ferner konnten wir in der verfügbaren Literatur keinen finden, der dieses Thema behandelt hat. Wir können allerdings Folgendes schlussfolgern: Im Allgemeinen neigen viele Muslime der Meinung zu, dass der Prophet (Gott segne ihn und schenke ihm Heil) ein König und ein Gesandter war, dass er mit dem Islam ei-

---

214 Eine Anspielung auf Koran 28:31.

215 Matthäus-Evangelium 22, 21 (Fn.-Rāziq). Der übersetzte Text folgt der Bibelausgabe der Evangelischen Haupt-Bibelgesellschaft zu Berlin und Altenburg 1986, S. 29 (Das Neue Testament).

216 Der biblische Josef, der Sohn Jakobs.

217 Vgl. Tārīḫ Abī al-Fidā’ (Das Geschichtsbuch von Abū al-Fidā’); (Fn.-Rāziq).

nen politischen, zivilen Staat gegründet habe, dessen König und Herr er war. Dies mag die Meinung sein, die sich mit dem allgemeinen Geschmack der Muslime und mit dem, was sich in ihrer jeweiligen Situation zeigt, vereinbaren lässt. Dies mag auch die Meinung der Mehrheit der muslimischen Gelehrten sein. Denn man sieht, dass sie, wenn sie über eine Frage in diesem Zusammenhang sprechen, dazu neigen, den Islam als eine politische Einheit und als einen Staat, den der Prophet (Gott segne ihn und schenke ihm Heil) gegründet hat, zu betrachten.

Die Aussagen von Ibn Ḫaldūn in seiner Muqaddima gehen in diese Richtung. Er vertrat die Ansicht, dass das Kalifat in Vertretung des göttlichen Gesetzes zur Bewahrung der Religion und zur Leitung des irdischen Lebens das Königtum umfasst. Das Königtum ist in das Kalifat eingegliedert.[218]

4) Der verstorbene Rifāʻa Bey Rāfiʻ überlieferte im Buch Taḫrīǧ ad-dalālāt as-samʻīya (Die Prüfung der mündlich überlieferten Hinweise) etwas, was in diesem Sinne als deutlich betrachtet werden kann. In der Tat ist es sehr deutlich. Er sagte kurz gefasst: „Wer in den Wissenschaften nicht fest verwurzelt ist und keine anderen studentischen Mittel[219] als seine Hände und Füße hat, denkt, dass viele Regierungsgeschäfte häretisch und nicht tradiert[220] seien, dass der für eine weltliche Gelegenheit Verantwortliche nicht im Bereich der Sunna handele und seine Tätigkeit von niedrigem Wert sei. Aus diesem Grunde habe ich alle diese Tätigkeiten, die ich wissen konnte, in einem Buch gesammelt. Dieses Buch beschreibt sie und erklärt ihr Wesen demjenigen, der davon nichts weiß. Zu jeder Tätigkeit habe ich den Prophetengefährten erwähnt, den der Prophet damit beauftragt hat, damit derjenige, der diese Tätigkeit in der Gegenwart übernimmt, dies weiß und sich bei Gott dafür bedankt, dass Er ihn mit einem islamischrechtlichen Amt bekleidet hat. Denn dieses Amt hatte der Gefährte des Gesandten Gottes (Gott segne ihn und schenke ihm Heil) inne, der dafür geeignet war. Nun hatte Gott dieser Person die Stellung eines Prophetengefährten verliehen."[221]

---

[218] Vgl. Al-muqaddima, faṣl al-ḫuṭaṭ ad-dīnīya al-ḫilāfīya (Das Kapitel über die religiösen Pläne zum Kalifat), S. 206 u.a. (Fn.-Rāziq).

[219] Gemeint sind die Mittel zum Wissenserwerb.

[220] Arab. muttabaʻ im Sinne von nachgeahmt und befolgt, d.h. gemäß der Sunna bzw. den islamischen Vorschriften.

[221] Vgl. Nihāyat al-īǧāz fī sīrat sākin al-ḥiǧāz (Die maximale Zusammenfassung der Einwohnergeschichte des Ḥiǧāz), S. 350, gedruckt in der Maṭbaʻat al-maʻārif al-malakīya (Druckerei der königlichen Wissenschaften) unter Leitung des Qalam ar-rauḍa wa-l-maṭbūʻāt (Abteilung für Betreuung und Drucke) im Jahre 1291 h. (Fn.-Rāziq).

Danach hat Rifā'a Bek die Ämter und die regionalen Verwaltungstätigkeiten zusammengefasst: Spezielle und allgemeine, innere und nationale im Staatsdienst[222], d.h. das System des islamischen Staates[223] und alles, was damit an Handwerken und Industrien zu tun hat. Weiter nennt Rifā'a die islamisch-rechtlichen Tätigkeiten, wie sie zur Zeit des Gesandten Gottes (Gott segne ihn und schenke ihm Heil) existierten. Dabei sprach er über die Privatdienste für den Propheten (Gott segne ihn und schenke ihm Heil) und über das, was zum großen Imamat an primären Aufgaben gehört, wie das Ministerium, die Versorgung der Pilger[224], der Verantwortung für die Opfertiere[225], die Tränkung der Pilger[226], die Buchführung sowie alles, was zu den fiqh-Tätigkeiten gehört, wie Koran- und fiqh-Lehrer, Mufti, Imam im Gebet, Muezzin usw. Danach nennt er die Biografen, die Buchhalter im Militär, im Steueramt[227], im Dīwān (Staatsrat) und im Grundbuchamt[228]. Dabei erklärt er, dass der Dīwān seinen Ursprung in der Zeit des Gesandten Gottes (Gott segne ihn und schenke ihm Heil) hat. Dann erwähnt er die Tätigkeiten in Bezug auf Entscheidungen, wie die allgemeine Herrschaft[229] über alle Gebiete, die Gerichtsbarkeit und alles, was damit zu tun hat, wie die Zeugenvernehmung, die Niederschrift von Bedingungen, Verträgen, Erben und Ausgaben. Er nennt weiter den Aufteiler (aus einer Erbschaft), den Bauaufseher zur Festlegung des Grundstücks, den Marktaufseher[230], den Versteigerer, den Verantwortlichen zur Bewachung von Medina, den geheimen sicherheitsverantwortlichen Spion für die Einwohner von Medina, den Gefängniswärter sowie den Vollstrecker von (koranischen) ḥadd-Strafen. Dann zählt er die Regierungsgeschäfte hintereinander auf, sodass er fast nichts unerwähnt lässt. Zum Schluss sagt Rifā'a Bek: Dies ist etwas, was die meisten, ja sogar alle Geschichtsschreiber nicht genügend berücksichtigt haben.

---

222 Arab. ǧihādīya. Es handelt sich um einen von ǧihād (Mühe) abgeleiteten Begriff, der hier nichts mit dem sog. „Heiligen Krieg" zu tun hat. Das Wort muǧāhid (bekannt als Heiliger Kämpfer) wurde in Ägypten im Sinne von Sergeant benutzt. Im Text bedeutet das Wort die Dienstleistung für den Staat in jeder Form. Später wurde das ägyptische Militär im allgemeinen Sprachgebrauch ǧihādīya genannt. Dieses Wort wird heute im Westen ohne historischen Bezug oft mit „Jihadistin", d.h. eine „islamistische", auf Terror orientierte Frau übersetzt.

223 Arab. as-salṭana al-islāmīya.

224 Arab. ḥiǧāba.

225 Al-budn, Sg. badana bedeutet ein Kamel oder eine Kuh, das oder die in Mekka geschlachtet wird; (Fn.-Rāziq). Es geht um den Opfertag (yaum an-naḥr), den 10. ḏu al-ḥiǧǧa, während der Wallfahrt.

226 Siqāyat al-ḥaǧǧ (Die Tränkung des Pilgers); (Fn.-Rāziq).

227 Arab. al-'aṭā'.

228 Arab. az-zimām.

229 Arab. imāra 'āmma.

230 Arab. muḥtasib.

5) Ohne Zweifel hatte die Prophetenregierung einige Merkmale, die den politischen Regierungsformen und den Spuren der Herrschaft und des Königtums ähnlich sind.

6) Das erste, was einem als Beispiel für die königlichen Angelegenheiten zur Zeit des Propheten (Gott segne ihn und schenke ihm Heil) einfällt, ist die ǧihād-Frage. Der Prophet (Gott segne ihn und schenke ihm Heil) hat die Gegner seiner Religion innerhalb seines arabischen Volkes angegriffen, ihre Länder erobert, ihr Vermögen erbeutet und ihre Männer und Frauen in die Gefangenschaft geführt. Ferner besteht kein Zweifel, dass der Blick des Propheten über die Arabische Halbinsel hinausging. Er hatte sich vorbereitet, mit seinem Heer in alle Länder der Erde zu marschieren. Er hatte bereits angefangen, gegen die römische Dynastie[231] im Westen zu kämpfen. Den persischen König Chosrau im Osten, den Negus von Äthiopien den Muqauqas von Ägypten und andere hatte er dazu aufgefordert, seine Religion anzunehmen.

Am Anfang schien es so, dass der ǧihād nicht nur dazu gedacht war, zur Religion einzuladen und die Leute zum Glauben an Gott und an Seinen Gesandten zu bringen, sondern um die Herrschaft zu festigen und das Königtum zu erweitern.

Die Einladung zur Religion ist eine Einladung zu Gott. Voraussetzungen dieser Einladung sind nur die Erläuterung und die Bewegung des Herzens mit Mitteln der Beeinflussung und Überzeugung. Die Gewalt und der Zwang lassen sich nicht mit einer Einladung vereinbaren, deren Ziel die Rechtleitung der Herzen und die Reinigung des Glaubens ist. Uns ist in der Prophetengeschichte niemand bekannt, der die Menschen mit dem Schwert zum Glauben an Gott gebracht oder ein Volk angegriffen hätte, um es von seiner Religion zu überzeugen. Dies ist genau das Prinzip, das der Prophet (Gott segne ihn und schenke ihm Heil) bei seiner Verkündung des Buches Gottes festlegte.

Gott, der Erhabene, sagt: „Es gibt keinen Zwang im Glauben. Der richtige Weg ist nun klar erkennbar geworden gegenüber dem unrichtigen.“[232] Ferner sagt Er: „Rufe zum Weg Deines Herrn mit Weisheit und schöner Ermahnung auf, und streite mit ihnen auf die beste Art.“[233] Weiter sagt Er: „So ermahne; denn Du bist wahrlich ein Ermahner. Du hast aber keine Macht über sie.“[234] „Und wenn sie mit Dir streiten, so sprich: ‚Ich habe mich ganz und gar Allah ergeben, und

[231] Hinweis auf die mu'ta-Schlacht <im Jahre 629 – Übers.> und den Feldzug von Usāma b. Zaid nach Ubnā <in Syrien – Übers.>; (Fn.-Rāziq).
[232] Sūrat al-baqara (Die Kuh; Koran 2:256); (Fn.-Rāziq).
[233] Sūrat an-naḥl (Die Bienen; Koran 16:125); (Fn.-Rāziq).
[234] Sūrat al-ġāšiya (Die Bedeckende; Koran 88:21 und 88:22); (Fn.-Rāziq).

ebenso, wer mir nachfolgt.' Und sprich zu jenen, denen die Schrift gegeben wurde, und zu den Unbelehrten: ‚Werdet ihr Muslime?' Und wenn sie Muslime werden, sind sie geleitet; kehren sie sich jedoch ab, so obliegt dir nur die Verkündigung. Und Allah kennt (Seine) Diener wohl."[235] Und: „Willst du also die Menschen dazu zwingen, Gläubige zu werden?"[236]

Dieses sind klare Prinzipen, dass die Botschaft des Propheten (Gott segne ihn und schenke ihm Heil) wie die Botschaft seiner Vorgänger auf der Überzeugung und der Ermahnung[237] beruht. Sie hätte nie auf Gewalt und Unterdrückung basieren können. Wenn der Prophet (Gott segne ihn und schenke ihm Heil) von der Gewalt und der Abschreckung Gebrauch machte, geschah dies nicht mit dem Ziel, zu missionieren und seine Botschaft allen Welten zu verkünden. Man kann dies nur als Mittel verstehen, das Königtum und die islamische Regierung zu gründen. Denn keine Regierung kann ohne Schwert und ohne die Herrschaft der Unterdrückung und der Überwältigung gegründet werden. Dies machen für die Muslime Grund und Sinn des Propheten-ǧihāds aus.

7) Es wurde erwähnt, dass der ǧihād ein Zeichen des islamischen Staates und ein Beispiel für die königlichen Angelegenheiten ist. Im Folgenden wird ein weiteres Beispiel genannt:

Zur Zeit des Propheten (Gott segne ihn und schenke ihm Heil) gab es viele Tätigkeiten in Bezug auf die Finanzangelegenheiten, wie Einnahmen und Ausgaben, Geldkassieren aus den verschiedenen Quellen (so Almosensteuer[238], Kopfsteuer[239], Beute[240] usw.) und Verteilung dieser Gelder unter den zu finanzierenden Einrichtungen. Er (Gott segne ihn und schenke ihm Heil) hatte auch Kassierer und Steuererheber, die diese Tätigkeiten übernommen haben. Es besteht kein Zweifel, dass die Geldverwaltung eine königliche Tätigkeit ist. Sie ist sogar die wichtigste Bedingung der Regierungen, hat aber nichts mit der Aufgabe der Botschaft als solche zu tun und steht fern von den Tätigkeiten der Gesandten, wenn man sie nur als Gesandte betrachtet.

8) Das anschaulichste Beispiel in dieser Frage könnte eine von aṭ-Ṭabarī vermittelte Überlieferung mit Erwähnung der Überlieferungskette sein. Danach hat der Prophet (Gott segne ihn und schenke ihm Heil) die Führung im Jemen geregelt und unter seinen Männern verteilt. Jedem Mann hat er einen eigenen Bezirk

---

[235] Sūrat Āl 'Imrān (Das Haus Imran; Koran 3:20); (Fn.-Rāziq).
[236] Sūrat Yūnus (Jonas; Koran 10:99); (Fn.-Rāziq).
[237] Arab. wa'ẓ.
[238] Arab. zakāt.
[239] Arab. ǧizya.
[240] Arab. ġanīma

zugeordnet: Der Prophet beauftragte ʻAmrū b. Ḥazm mit der Statthalterschaft in Naǧrān[241], Ḫālid b. Saʻīd b. al-ʻĀṣ im Gebiet zwischen Naǧrān, Rimaʻ und Zubaid[242], ʻĀmir b. Šahr für den Stamm Hamadān, Ibn Bāḏām in Sanaa, aṭ-Ṭāhir b. Abī Hāla für die Stämme ʻAkk und al-Ašʻarīyūn, Abū Mūsā al-Ašʻarī in Ma'rib und Yaʻlā b. Abī Umaiya für al-Ǧanad. Dagegen war Mūʻāḏ Lehrer und wanderte durch die Bezirke aller Statthalter im Jemen und in Hadramaut[243].

In der Prophetenzeit gab es neben dem Erwähnten vieles, was man als Zeichen eines Staates, als Eigenschaft einer Regierung und als Anzeichen einer Herrschaft betrachten kann. Wer es aus diesem Blickwinkel sieht, kann sagen, dass der Prophet (Gott segne ihn und schenke ihm Heil) sowohl der Gesandte des Erhabenen Gottes als auch ein politischer König war.

9) Wenn einige Beobachter diese Beispiele als Belege bevorzugen und mit dem Ergebnis zufrieden sind, dass der Prophet (Gott segne ihn und schenke ihm Heil) ein Gesandter und ein König war, wird ihnen eine andere überlegenswerte Frage entgegentreten, und zwar: Waren die Gründung des islamischen Königreiches seitens des Propheten (Gott segne ihn und schenke ihm Heil) und seine diesbezüglichen Verfügungen etwas, was über die Grenze seiner göttlichen Botschaft hinausgeht, oder war dies ein Teil dessen, wofür ihn Gott gesandt bzw. was Er ihm offenbart hat?

Dass das prophetische Königreich eine von der islamischen Mission unabhängige Tätigkeit ist und die Grenze der Botschaft übersteigt, ist eine Meinung, die nach meinem Wissen keine Entsprechung in den islamischen Rechtsschulen hat und für die man dort keinen Hinweis findet. Nichtsdestotrotz ist sie eine vertretbare Ansicht. Dass man daran glaubt, ist weder Unglaube noch Ketzerei. Einige islamische Richtungen vertreten, indem sie das Kalifat generell leugnen, eine möglicherweise vergleichbare Meinung.

Man darf sich nicht davor fürchten zu hören, dass der Prophet (Gott segne ihn und schenke ihm Heil) eine solche Tätigkeit ausübte, die von der Aufgabe der göttlichen Botschaft unabhängig war, dass das von ihm gegründete Königtum zu den weltlichen Tätigkeiten gehörte, die mit der göttlichen Botschaft nichts zu tun hatten. Dies ist eine Meinung, die dem Ohr vielleicht fremdartig vorkommt, weil ihre Verkündung in der Sprache der Muslime unüblich ist. Aber die Grundlagen des Islam, der Sinn der göttlichen Botschaft, der Geist der Gesetzgebung und die Geschichte des Propheten (Gott segne ihn und schenke ihm

---

241 Naǧrān ist eine Stadt im Südwesten des heutigen Saudi-Arabien nahe der jemenitischen Grenze.

242 Rimaʻ und Zubaid sind Städte im Jemen.

243 Tārīḫ aṭ-Ṭabarī (Das Geschichtsbuch von aṭ-Ṭabarī), Bd. 3, S. 214 (Fn. Rāziq).

Heil) widersprechen einer solchen Meinung nicht und machen eine solche Meinung nicht widerwärtig. Vielleicht finden sich hierfür geeignete Beweise und eine Bestätigung. Auf jeden Fall ist dies für mich unwahrscheinlich.

10) Dass das prophetische Königreich ein ergänzender und untrennbarer Teil der göttlichen Botschaft ist, ist die Meinung, die die Seelen der Muslime offensichtlich mit Zufriedenheit empfangen, auf die ihre Methoden hinweisen und die ihre Prinzipien und Richtungen unterstützen. Es ist klar, dass diese Meinung nur denkbar sein kann, wenn festgestellt wird, dass es zu den Tätigkeiten der göttlichen Botschaft gehört, dass der Gesandte die göttliche Mission nach deren Verkündung praktisch durchführt. Dies bedeutet, dass der Gesandte zugleich Verkünder und Ausführender ist.

11) Diejenigen allerdings, die den Sinn der göttlichen Botschaft erforschten und deren Untersuchungen wir studiert haben, sahen mit Ausnahme von Ibn Ḫaldūn die Durchführung nicht als Teil der Botschaft selbst. In seinen Worten gibt es einen Hinweis darauf, dass nur der Islam im Gegensatz zu allen anderen Religionen die religiöse Mission und deren praktische Durchführung vereint. Dies ist an vielen Stellen seiner geschichtlichen Muqaddima (Einführung) deutlich erkennbar. Ferner hat er dies ausführlich im Kapitel dargestellt, in welchem er die Bezeichnungen Papst und Patriarch in der christlichen Religion und Priester bei den Juden erklärt. Er sagt:

„Man muss wissen, dass die Religion einen Verantwortlichen braucht, wenn der Prophet nicht anwesend ist. Er soll die Muslime nach den Vorschriften und dem Recht der Religion führen. Er gilt für sie wie der Nachfolger des Propheten bei den von ihm vermittelten Verpflichtungen. Die menschliche Art benötigt – in Übereinstimmung mit dem Erwähnten, dass die Politik für die Menschen wegen des menschlichen Zusammenlebens notwendig ist – eine Person, die sie um ihrer Interessen willen führt und sie von Bosheiten mit Gewalt zurückhält. Diese Person nennt sich König. Ausgehend davon, dass der ǧihād[244] in der islamischen Religion wegen der weltweiten islamischen Mission erlaubt ist, um alle Menschen freiwillig oder durch Zwang zum Islam zu bringen, haben sich Kalifat und Königtum im Islam vereint, damit die Verantwortlichen die Kampfkraft[245] für beide Institutionen nutzen können. Die Mission anderer Religionen außerhalb des Islam war jedoch nicht global und der ǧihād ist dort nur für die Verteidigung erlaubt. Folglich kümmert sich der dort für die Religion Verantwortliche nicht um die Politik des Königtums, weil man dort nicht dazu verpflichtet ist, andere

244 Anstrengung bzw. Kampf für die Sache Gottes (vgl. auch 222 und 99).
245 Wörtlich: Stachel (šauka), steht im übertragenen Sinne für Kampfkraft.

Nationen zu überwältigen, sondern man ist nur dazu aufgefordert, seine Religion im Privatleben zu praktizieren."
Ibn Ḫaldūn sagt, wie man sieht, dass der Islam rechtlich, praktisch und verkündbar ist, dass sich die religiöse Macht darin mit der politischen vereinigt hat, was in allen anderen Religionen nicht der Fall ist.

12) Wir sehen für diese Meinung keine Basis und finden dafür keinen Beweis. Sie steht deshalb mit dem Sinn der göttlichen Botschaft in Widerspruch und lässt sich – wie schon gesehen – nicht mit dem, was die religiöse Mission fordert, vereinbaren. Angenommen, diese Meinung wäre richtig, so bliebe trotzdem ein anderes Problem, wofür man eine Lösung bzw. einen Ausweg finden müsste. Es handelt sich um das Ausgangsproblem dieser Studie, das uns zu weiteren Untersuchungen geführt hat.

Wenn der Gesandte Gottes (Gott segne ihn und schenke ihm Heil) einen politischen Staat gegründet oder mit seiner Gründung begonnen hat, warum existierten dann in seinem Staat viele Pfeiler des Staates und Stützen der Herrschaft nicht? Warum kannte sein System nicht die Ernennung von Richtern und Statthaltern? Warum hat er seine Gemeinde nicht über das System des Königtums und die Regeln der Beratung[246] informiert? Warum ließ er die Gelehrten in der Frage des Regierungssystems seiner Zeit ratlos und verstört zurück? Warum und nochmals warum? Wir wollen den Grund dafür wissen, was dem Beobachter als Unklarheit, Verwirrung, Mangel oder was auch immer in Bezug auf die Struktur der Regierung zur Zeit des Propheten (Gott segne ihn und schenke ihm Heil) erscheint. Wie war das und woran lag es?

Diejenigen, die auf ihrem Glauben bestehen, dass Muḥammad (Gott segne ihn und schenke ihm Heil) zu einer neuen Religion und zur Gründung eines neuen Staates aufgerufen hat, und zugleich darauf bestehen, dass die Grundlagen des vom Propheten (Gott segne ihn und schenke ihm Heil) gegründeten Staates gelegt, seine Angelegenheiten verwaltet und seine Dinge durch eine Offenbarung des Weisen Erhabenen Gottes geregelt werden, sind auch gezwungen zu glauben, dass das Staatssystem zur Zeit des Propheten (Gott segne ihn und schenke ihm Heil) die höchste Vollkommenheit erreicht hat, die der menschliche Verstand bzw. das menschliche Denken nicht erreichen kann. Wenn sie nach dem Grund dessen gefragt werden, was als Mangel im Regierungssystem und als eine Dunkelheit in seinen Regeln erscheint, suchen sie die Antwort in den im Folgenden zu erklärenden Umständen.

[246] Arab. šūrā.

13) Der Verfasser des Buches Taḫrīǧ ad-dalālāt as-samʻīya (Die Prüfung der mündlich überlieferten Hinweise), Rifāʻa Bey, vertritt die gleiche Ansicht und hat aus diesem Dilemma einen einfachen Ausweg gefunden, indem er behauptet, dass die Regierung zur Zeit des Propheten (Gott segne ihn und schenke ihm Heil) alles umfasst habe, was für den Staat an Angestellten und Tätigkeiten, an geregelten Systemen, an bestimmten Regeln und an detaillierten Normen nötig gewesen ist. Danach kann man weder etwas erneuern noch etwas hinzufügen. Nach dem oben Erwähnten besteht wohl kein Bedarf mehr, dies noch einmal zu wiederholen.

14) Es könnte sein, dass jemand, der diese Meinung auf eine andere Art und Weise unterstützen will, sagt, dass es nicht gegen den Glauben spricht, dass das Staatssystem zur Zeit des Propheten (Gott segne ihn und schenke ihm Heil) solide und straff war und alle Arten der Vollkommenheit, die für einen von einem Gesandten Gottes – unterstützt durch die Offenbarung und gestärkt von den Engeln Gottes – verwalteten Staat nötig ist, umfasste. Allerdings ist man nicht dahin gelangt, die wahren Einzelheiten bzw. die Feinheiten der prophetischen Regierung zu kennen und zu wissen, wie das perfekte System und die höchste Vollkommenheit ausschauten, weil die Überlieferer uns dies nicht mitgeteilt haben, ihre Mitteilung uns darüber verloren gegangen ist oder ein anderer Grund dafür vorliegt, denn „euch ist vom Wissen nur wenig gegeben“[247].

15) Dies ist eine Ansicht, die der Verstand der Gelehrten auf Anhieb nicht ablehnen sollte. Denn kein Vorwurf trifft unsere Seele, wenn sie daran zweifelt, dass wir vieles über die Angelegenheiten der Prophetengeschichte nicht wissen. Es ist ja sogar eine Tatsache, dass das, was wir darüber und über anderes wissen, viel weniger ist als das, was wir nicht wissen.

Die Leute des Wissens sollen immer daran glauben, dass viele Wahrheiten ihnen verborgen sind. Sie müssen deshalb stets beharrlich daran arbeiten, das Verborgene aufzudecken und daraus Neues zu schlussfolgern, denn darin liegen Leben und Wachstum des Wissens. Allerdings soll die Wahrscheinlichkeit, dass wir einige Wahrheiten nicht kennen, uns nicht daran hindern, darauf zu vertrauen, was wir wissen und dieses Wissen als wissenschaftliche Wahrheiten zu betrachten. Darauf bauen wir die Urteile auf und ergründen die Richtungen, dafür erklären wir die Gründe und finden die Folgen heraus, bis uns etwas erscheint, was diesen Wahrheiten widerspricht und wissenschaftlich haltbar ist.

Aus diesem Grunde sagen wir, dass es in der Tat möglich ist, dass uns die Informationen über das System der prophetischen Regierung verborgen geblieben

---

[247] Sūrat al-isrā' (Die Nachtreise; Koran 17:85); (Fn.-Rāziq).

sind. Die Zeit kann vielleicht zeigen, dass dieses System die idealste Regierungsform war. Bis das Gegenteil unseres Wissens bewiesen ist, hindert uns diese Möglichkeit allerdings nicht daran, erneut nach Ursprung, Grund und Sinn dessen zu fragen, was wir bislang an Unklarheit und Verwirrung in Bezug auf das System der prophetischen Regierung erfahren haben.

16) Es gibt eine andere Methode, um diese Frage zu beantworten. Vieles davon, was man Regierungsgrundlagen, Staatsysteme und Basis des Regierens nennt, sind nur zufällige Termini und gekünstelte Erfindungen. Diese sind in der Tat nicht notwendig für das System eines Staates, der ein Staat der Einfachheit mit einer natürlichen Regierung sein will, einer Regierung, die jede Affektiertheit und alles, was die einfache natürliche Veranlagung nicht benötigt, ablehnt.

Alles, was man am prophetischen Staat erkennen kann, geht bei gründlicher Überlegung auf einen einzigen Sinn zurück. Dieser besteht darin, dass der prophetische Staat von allen Erscheinungen frei war, die heutzutage bei den Politikwissenschaftlern zu den Grundlagen einer zivilen Regierung gehören. Diese Erscheinungen sind in der Tat keine Pflicht und ihre Vernachlässigung gilt nicht unbedingt als ein Mangel für die Regierung bzw. nicht als ein Zeichen der Anarchie und der Unordnung. Dies ist eine Deutung für die Verwirrung, die man am prophetischen Staat erkennt.

17) Muḥammad (Gott segne ihn und schenke ihm Heil) liebte die Einfachheit und hasste die Affektiertheit. Auf der reinen Einfachheit basierte sein privates und öffentliches Leben. Er rief zur Einfachheit in Wort und Tat auf, was sich in seinem ḥadīṯ zu Ǧarīr b. ʻAbdullah al-Baǧlī zeigt: „O Ǧarīr! Wenn du redest, solltest du dich zusammenfassen! Und wenn Du Dein Ziel erreicht hast, dann sei nicht affektiert!“[248].

Der Prophet ging mit den Menschen ohne Affektiertheit um und verkehrte mit ihnen nach dem Prinzip der Einfachheit. „Es wurde überliefert, dass er (Gott segne ihn und schenke ihm Heil) mit seinen Gefährten scherzte. Ibn ʻAbbās (Gott möge an ihm und seinem Vater Wohlgefallen haben) hat überliefert, dass der Prophet (Gott segne ihn und schenke ihm Heil) gern Scherze gemacht habe.“[249] Er sagte zu seinen Gefährten: „Ich hasse es, unter euch privilegiert zu sein. Denn Gott hasst an seinem Diener, ihn unter seinen Gefährten privilegiert zu sehen“[250]. Ferner wurde überliefert, dass er (Gott segne ihn und schenke ihm

[248] Al-kāmil von al-Mubarrid (Das vollständige Werk von al-Mubarrid), Bd. 1, S. 4, al-maṭbaʻa al-amīrīya (Die staatliche Druckerei); (Fn.-Rāziq).

[249] As-sīra al-ḥalabīya (Die Prophetenbiografie von al-Ḥalabī), Bd. 3, S. 362 (Fn.-Rāziq).

[250] As-sīra an-nabawīya (Die Biografie des Propheten), gedruckt am Rand der As-sīra al-ḥalabīya (Die Prophetenbiografie von al-Ḥalabī), Bd. 3, S. 360 (Fn.-Rāziq).

Heil) „sich immer für das Einfachere entschied, wenn er zwischen zwei Dingen wählen sollte, solange es keine Sünde war“[251]. In seinem oben überlieferten ḥadīṯ zu Abū Mūsā al-Aš'arī und Mu'āḏ sagte der Prophet zu ihnen: „Ihr solltet alles vereinfachen und nicht erschweren, eine gute Nachricht verkünden und nicht abschrecken“.

Er (Gott segne ihn und schenke ihm Heil) hasste die Heuchelei und die Affektiertheit und sagte während der Abschiedswallfahrt[252]: „O Gott! Lass es eine selige Wallfahrt ohne Ansehenssuche sein!“[253]. Gott sagt zum Propheten (Friede sei mit ihm): „Sprich: Ich verlange von euch keinen Lohn dafür, noch bin ich einer derer, die sich (etwas) anmaßen“[254]. Wenn er die Scharia des Erhabenen Gottes verkündete, befahl er den Menschen die einfachen Regeln und verbot ihnen die Affektiertheit. Er sagte zu ihnen: „Wenn ich euch einen Befehl erteile, dann sollt ihr nur das tun, was ihr vermögt“, „Diese Religion ist solide, dringe mit Güte in sie ein!“ und (Gott) „hat euch nichts auferlegt, was euch in der Religion bedrücken könnte“.[255]

Man kann in den vom Propheten verkündeten Rechten keine Vorschrift finden, die nicht auf die einfachen Prinzipien des Analphabetentums[256] zurückgeht. Zur Bestimmung der Gebetszeiten hat er sie nicht verpflichtet, die Sonnenstationen oder den Aufgang der Gestirne zu berechnen, sondern er hat dies davon abhängig gemacht, was der Mensch beim sichtbaren Lauf der Sonne am Himmel fühlt. Ferner hat er das Fasten, die Wallfahrt und die rituellen Zeremonien mit dem Lauf des Mondes verbunden. Der Lauf des Mondes ist bemerkbar und bedarf weder Berechnung noch Überwachung. In Bezug auf das Fasten hat er uns nicht verpflichtet, den Halbmond des Ramaḍāns[257] zu berechnen. Er hat das Fasten von der einfachen Sicht des Halbmondes ohne weitere Umstände abhängig gemacht. Dazu gibt es die ḥadīṯe: „Wir sind eine analphabetische Nation …“[258] und

---

[251] Ebenda, S. 272 (Fn.-Rāziq).

[252] Die Fahrt von Muḥammad nach Mekka zu Beginn des Jahres 632, die für die Festlegung von Bestimmungen zur Wallfahrt und zu verschiedenen Rechtsgebieten große Bedeutung hat. Vgl. Koran 5:3.

[253] As-sīra al-ḥalabīya (Die Prophetenbiografie von al-Ḥalabī), Bd. 3, S. 284 (Fn.-Rāziq).

[254] Sūrat ṣād (S.; Koran 38:86); (Fn.-Rāziq).

[255] Sūrat al-ḥaǧǧ (Die Pilgerfahrt; Koran 22:78); (Fn.-Rāziq).

[256] Diese Aussage in Bezug auf Muḥammad ist im historischen Kontext der arabischen Gesellschaft im 7. Jh. zu verstehen und bezieht sich auf die zu jener Zeit existierenden einfachen Lebensverhältnisse, nicht aber auf Rückständigkeit oder Dummheit.

[257] Der neunte Monat im Kalender der Muslime.

[258] Fatḥ al-bārī (Die Rechtleitung des Schöpfers), Bd. 4, S. 89, al-maṭba'a al-ḫairīya (Die Wohltätigkeitsdruckerei). Dort steht inna (wir sind doch) anstatt von naḥnu (wir); (Fn.-Rāziq). Es handelt sich um den Kommentar von al-Ḥāfiẓ b. Ḥaǧar zum ḥadīṯ-Kompendium Ṣaḥīḥ al-Buḫārī.

„Fastet, wenn ihr ihn seht! …“[259]. Weiterhin hat er uns nicht verpflichtet, den Tag in Stunden und Minuten zu berechnen, sondern hat dies an etwas deutlich Fühlbares gebunden: „Und esst und trinkt, bis der weiße Faden von dem schwarzen Faden der Morgendämmerung für euch erkennbar wird. Danach vollendet das Fasten bis zur Nacht“[260].

Er (Gott segne ihn und schenke ihm Heil) war ein Analphabet und ein Gesandter für die Analphabeten. Er ging weder in seinem privaten und öffentlichen Leben noch in seiner Scharia über die Prinzipien des Analphabetentums, die einfachen Bedingungen und die natürliche Veranlagung, mit der Allah die Menschen geschaffen hat[261], hinaus. Das, was man am Regierungssystem zur Zeit des Propheten (Gott segne ihn und schenke ihm Heil) gesehen hat, ist möglicherweise das System, das eine natürliche Einfachheit bedingt. Ohne Zweifel sind viele gegenwärtige Regierungssysteme Erfindungen, Affektiertheiten und Verzierungen, die man seit langem erlebt, bis man sich daran gewöhnt und denkt, dass sie zu den Grundlagen des Regierens und zu den Systemprinzipien gehören. Sie haben jedoch bei näherem Hinsehen damit nichts zu tun.

Dies, was uns als Dunkelheit, Verwirrung oder Mangel am System der prophetischen Regierung erscheint, ist nichts anderes als die Einfachheit und die natürliche Veranlagung, an der es nicht mangelt.

18) Wenn wir einen der erwähnten Wege wählen könnten, würden wir uns eher für diese Meinung entscheiden, denn sie ist der Religion am ähnlichsten. Wir können diese Meinung allerdings nicht vertreten, weil sie bei näherem Hinsehen als unbegründet und unrichtig erscheint. Es ist zwar richtig, dass viele moderne Regierungssysteme Erfindungen und Affektiertheiten sind und etwas enthalten, was kein gesunder Charakter verlangt bzw. keine intakte Veranlagung akzeptiert. Es ist aber ohne Zweifel sicher, dass viel Erfundenes in Bezug auf Regierungssysteme weder affektiert noch gekünstelt ist und auch nicht im Widerspruch zum einfachen, veranlagten Geschmack steht. Es ist dagegen notwendig und nützlich. Keine Regierung, die durch Zivilisation und Entwicklung geprägt ist, sollte darauf verzichten, davon Gebrauch zu machen.

Gehört es beispielsweise zur Güte der natürlichen Veranlagung und zur Einfachheit des Charakters, dass ein Staat kein Budget hat, das seine Einnahmen und Ausgaben regelt, oder dass er kein Register hat, in das seine Innen- und Außenangelegenheiten niedergeschrieben werden? Dies bezieht sich auch auf viele

---

[259] Der Kommentar von al-ʻAsqalānī zu al-Buḫārī, Bd. 4, S. 88, al-maṭbaʻa al-ḫairīya (Die Wohltätigkeitsdruckerei); (Fn.-Rāziq).

[260] Sūrat al-baqara (Die Kuh; Koran 2:187); (Fn.-Rāziq).

[261] Eine Anspielung auf Koran 30:30.

andere Sachen, die zur Zeit des Propheten nicht existierten und worauf er (Gott segne ihn und schenke ihm Heil) nicht hingewiesen hat. Es wäre eine unakzeptable Willkür, die scheinbaren Mängel an Formen des Regierens zur Zeit des Propheten (Gott segne ihn und schenke ihm Heil) damit zu begründen, dass sie auf die Güte der natürlichen Veranlagung und die Vermeidung der Affektiertheit zurückgehen würden.

Es gilt, einen anderen Weg zur Lösung dieses Problems einzuschlagen.

Drittes Kapitel: Eine Botschaft und keine Regierung – eine Religion und kein Staat

1) Man hat schon gesehen, dass es Hindernisse gibt, die nicht leicht von denjenigen auszuräumen sind, die glauben wollen, dass der Prophet (Gott segne ihn und schenke ihm Heil) neben seiner Eigenschaft als Gesandter auch ein politischer König und Gründer eines politischen Staates war. Man hat gesehen, dass immer dann, wenn diese Leute versuchten, nach einem Straucheln aufzustehen, erneut strauchelten, wenn sie sich von einem Problem befreien wollten, dieses aufs Neue hervortrat.

Nach dem Dargelegten bleibt nur ein einziger Weg, den man hoffentlich methodisch klar findet, auf dem weder ein Straucheln zu befürchten ist noch sich Hindernisse auftun, ein Weg, der nicht in verschiedene Richtungen irreführt oder von Staub überschüttet ist, ein Weg frei von Gefahr und Problemen. Es handelt sich darum, die Ansicht zu vertreten, dass Muḥammed (Gott segne ihn und schenke ihm Heil) nur ein Gesandter mit einer rein religiösen Mission ohne Herrschaftstendenzen oder Aufruf zur Gründung eines Staates ist; dass der Prophet (Gott segne ihn und schenke ihm Heil) weder ein Königtum noch eine Regierung hatte; dass er (Gott segne ihn und schenke ihm Heil) kein Königreich im politischen Sinne gegründet hat. Er war lediglich ein Gesandter, so wie seine Brüder in Gestalt der vergangenen Gesandten, nicht aber ein König, ein Staatsgründer und keiner, der zum Königtum aufforderte.

Dies ist eine ungewöhnliche Ansicht, die ein Muslim vielleicht ungern hört. Sie ist allerdings wohl überlegt und reich an starken Beweisen.

2) Bevor wir beginnen, dies zu erklären, müssen wir vor dem Fehler warnen, den ein Beobachter begehen könnte, wenn er sich die Sache nicht gründlich und vorsichtig genug überlegt. Die Botschaft an sich setzt nämlich voraus, dass der Gesandte eine gewisse Führerschaft bzw. Macht über seine Angehörigen hat. Dies hat jedoch mit der Führerschaft der Könige und ihrer Macht über ihre Untertanen nichts zu tun. Man soll deshalb die Führerschaft der Botschaft mit der

des Königtums nicht verwechseln. Dazwischen liegt ein Unterschied, der fast ein Gegensatz ist. Ferner hat man gesehen, dass die Führerschaft von Moses und Jesus über ihre Anhänger keine königliche war. Genau so war die Führerschaft vieler Gesandter.

3)[262] Der Charakter der ehrlichen, religiösen Mission erfordert von ihrem Vollstrecker zuvörderst eine gewisse körperliche und sinnliche Vollkommenheit, insofern er keinen körperlichen Mangel und keine Einschränkung seiner Sinne und Gefühle aufweist. Ferner darf er nichts an sich haben, was Missfallen auslöst. Weil er Führer ist, muss er auch eine Respektsperson sein, sodass er allen Menschen Ehrfurcht einflößt. Weiterhin muss er eine Anziehungskraft haben, die Männer und Frauen in den Bann seiner Liebe zieht. Darüber hinaus hat er über eine geistige Vollkommenheit zu verfügen, die ihm sein notwendiger Kontakt zum Himmel[263] bringt.

Die Botschaft erfordert von ihrem Vollstrecker auch eine große soziale Kompetenz unter seinen Angehörigen, so wie überliefert wurde, dass „Allah nur denjenigen als Propheten sendet, der unter seinen Angehörigen angesehen bzw. unter seinem Stamm mächtig ist“[264].

Die Botschaft erfordert, dass ihr Vollstrecker so viel Macht hat, die ihm einen Einfluss ermöglicht, dass man auf ihn hört. Denn Allah geht mit der Botschaft nicht spielerisch um. Ferner sendet Er einen Gesandten mit der Wahrheit erst, wenn er will, dass die Botschaft vollendet wird; ihre Grundlagen sich in dieser Welt wohlverwahrt[265] verwurzeln, sie sich mit den Wahrheiten dieser Welt stark vermischt: „Und Wir haben keinen Gesandten geschickt, außer damit ihm gehorcht werde mit Allahs Erlaubnis.“[266] Gott sendet die Botschaft der Wahrheit nicht, damit sie, Gott bewahre, verloren geht. Ferner schickt er keinen Gesandten, damit er gedemütigt zurückkehrt: „Schon vor dir wurden Gesandte verspottet, doch das, worüber sie spotteten, erfasste die Spötter unter ihnen. Sprich: ‚Wandert im Lande umher und seht, wie das Ende der Verleugner

---

[262] Im arabischen Text fälschlicherweise als Punkt 5 dargestellt.

[263] Arab. al-mala' al-a'lā. Gemeint sind Gott und Engel.

[264] Überliefert von den zwei Šaiḫs (gemeint sind die beiden Kompilatoren der Überlieferungen Buḫārī und Muslim – Übers.) mit dem Wortlaut: „Auch die Gesandten werden von den Vornehmsten ihrer Angehörigen gewählt [...]“. Es geht hierbei um einen Teil einer großen Überlieferung. Vgl. Taisīr al-wuṣūl ilā al-ǧāmi' al-uṣūl (Die Erleichterung des Weges zu den Grundlagen), Bd. 3, S. 320 (Fn.-Rāzik).

[265] Es wird auf die bewahrte Tafel, in dem die Urschrift Gottes niedergeschrieben ist, hingewiesen. Gemeint ist, dass die Botschaft auf die beste Art und Weise bewahrt werden muss.

[266] Sūrat an-nisā' (Die Frauen; Koran 4:64); (Fn.-Rāziq).

war.'"[267]; „Allah aber will, dass die Wahrheit durch Seine Worte vollbracht werde und dass die Wurzel der Ungläubigen ausgerottet werde. Damit Er die Wahrheit an den Tag bringe und den Trug zunichte mache, mag es den Sündern auch zuwider sein."[268]; „Wahrlich, Unser Wort ist schon an Unsere gesandten Diener ergangen. Sie sind wahrlich die, denen geholfen wird. Und Unsere Heerschar wird sicher siegreich sein."[269]; „Wahrlich, helfen werden Wir Unseren Gesandten und denen, die gläubig sind, im diesseitigen Leben und an dem Tage, wo die Zeugen vortreten werden. Am Tage, an dem den Frevlern ihre Ausrede nichts nützen wird; und sie werden zu Fluch und schlimmem Aufenthalt (verdammt) sein."[270].

Die Stellung der Botschaft schreibt ihrem Vollstrecker eine größere Macht zu als diejenige, welche zwischen dem Herrscher und den Untertanen besteht, ja sogar eine noch größere als die zwischen einem Vater und seinen Kindern.

Es ist möglich, dass sich der Gesandte mit der Politik der Nation beschäftigt, wie dies bei Königen der Fall ist. Nur dem Gesandten allein obliegt allerdings eine Aufgabe. Dazu gehört, dass er mit dem Geist im Körper eine Verbindung herstellt und die Trennung aufbricht, um in die Herzen, die in der Brust schlagen, zu schauen[271]. Ihm steht es zu, ja er soll sogar die Herzen seiner Anhänger öffnen, um zu den Wurzeln der Liebe und der Bosheit, zum Ursprungsort der guten bzw. bösen Taten, zu den Gedankenwegen, zum Ort, wo die teuflischen Einflüsterungen herkommen, zu den Quellen der Absichten und zum Hort der Moral gelangen zu können. Er hat sowohl eine offenkundige Tätigkeit, indem er das einfache Volk leitet, als auch eine verborgene, indem er die Beziehung zwischen den Partnern, den Verbündeten, zwischen dem Herrn und seinem Knecht sowie dem Vater und seinem Kind regelt. Dazu gehört auch die Regelung der intimen Beziehungen, die nur die Gatten zueinander unterhalten. Ihm steht es zu, das Offenbare und das Verborgene zu pflegen, sich um die Angelegenheiten des Körpers bzw. des Geistes sowie um unsere Beziehungen zur Erde und zum Himmel zu kümmern. Ihm steht die Verwaltung des Diesseits und des Jenseits zu.

Mehr noch: Die Botschaft gibt ihrem Vollstrecker – wie man sieht – notwendigerweise das Recht, sich mit jeder Seele pflegerisch und regulierend in Verbindung zu setzen und über jedes Herz uneingeschränkt zu verfügen.

---

[267] Sūrat al-an'ām (Das Vieh; Koran 6:10, 11); (Fn.-Rāziq).
[268] Sūrat al-anfāl (Die Beute; Koran 8:7, 8); (Fn.-Rāziq).
[269] Sūrat aṣ-ṣāffāt (Die sich Reihenden; Koran 37:71-73); (Fn.-Rāziq).
[270] Sūrat al-mu'min (Der Gläubige; Koran 40:51, 52); (Fn.-Rāziq). Diese Sure ist auch bekannt als ġāfir (Der Vergebende).
[271] Eine Anspielung auf Koran 22:46.

4) Es ist weiterhin zu konstatieren, dass die Botschaft des Propheten (Gott segne ihn und schenke ihm Heil) im Gegensatz zu den anderen Gesandten durch viele Besonderheiten gekennzeichnet ist. Denn der Prophet (Gott segne ihn und schenke ihm Heil) erschien mit einer Mission, zu deren Verbreitung unter der gesamten Menschheit ihn Gott erwählt hat. Gott hat vorherbestimmt, dass er sie vollständig verkündet und sich dafür einsetzt, dass sich die Religion vervollkommnet und die göttliche Gnade vollendet wird, die Zwietracht aufhört und die Religion gänzlich auf Allah bezogen wird. Diese Botschaft schreibt seinem Vollstrecker das Höchste an Vollkommenheit zu, wonach die menschliche Natur streben kann, den höchsten Grad an psychischer Kraft, die Gott für seine besten auserwählten Gesandten vorherbestimmt hat, und die Unterstützung Gottes, die dieser großen weltweiten Mission entspricht.

Diesbezüglich sagt Gott: „Allahs Huld, die Er dir erwiesen hat, ist wahrlich großartig“[272]; „du stehst unter Unserer Aufsicht“[273]. Dazu gibt es auch Prophetenüberlieferungen: „Bei Gott, Gott wird über dich nie eine Schande bringen“[274]; „Ich bin für meinen Herrn der Edelste unter Adams Kindern. Das sage ich ohne Prahlerei“[275].

Aus diesen Gründen war die Macht des Propheten (Gott segne ihn und schenke ihm Heil) kraft seiner Botschaft eine allgemeine Macht, die Muslime hatten seinem Befehl zu gehorchen, seine Herrschaft war unumschränkt. Nichts, was diese Herrschaft betrifft, blieb von der Macht des Propheten (Gott segne ihn und schenke ihm Heil) unerfasst. Alle Formen der möglichen Macht bzw. Führung waren in der Herrschaft des Propheten (Gott segne ihn und schenke ihm Heil) über die Gläubigen einbezogen.

Wenn die Vernunft es erlaubt, dass der Grad der Macht des Gesandten über seine Nation veränderlich ist, so hat man gesehen, dass Muḥammad (Gott segne ihn und schenke ihm Heil) im Vergleich zu den anderen Gesandten (Friede sei mit ihnen) den größten Anspruch darauf hat, die größte Macht bzw. den höchsten Einfluss über seine Nation zu haben. Es handelt sich um die Stärke des Prophetentums, die Macht der Botschaft und den Einfluss der wahren Mission, deren Überlegenheit gegenüber der falschen Mission sowie dessen Ewigkeit auf Erden Gott vorherbestimmt hat.

---

[272] Sūrat an-nisā' (Die Frauen; Koran 4:113); (Fn.-Rāziq).

[273] Sūrat aṭ-ṭūr (Der Berg; Koran 52:48); (Fn.-Rāziq).

[274] Aus einer Überlieferung von ʻĀ'iša (Gott möge mit ihr zufrieden sein) am Beginn der Offenbarung, überliefert von den zwei Šaiḫs (Fn.-Rāziq). Mit den zwei Scheichs sind Buḫārī und Muslim gemeint (s.o.).

[275] Aus einer Überlieferung von Anas, überliefert von at-Tirmiḏī (Fn.-Rāziq).

Dies ist die Macht, die der Himmel von Gott demjenigen schickt, auf den die Himmelsengel mit der Offenbarung Gottes herniederfahren. Es geht um eine heilige Macht, mit der die als Propheten gesandten Diener Gottes ausgezeichnet werden. Diese Macht hat nicht das Geringste mit dem Königtum zu tun. Sie ist weder mit der Macht der Könige vergleichbar noch von der Macht der Sultane erreichbar. Es handelt sich um die Führung der wahren Mission zu Gott bzw. die Führung bei der Verkündung seiner Botschaft, nicht um die Führung des Königtums. Es geht um eine Botschaft und eine Religion, um die Herrschaft des Prophetentums und nicht um die der Sultane.

Wir warnen erneut davor, beide Herrschaftsarten miteinander zu verwechseln und die beiden Arten der Souveränität zu vermischen, und zwar die Leitung des Gesandten als solche und die Leitung der Könige bzw. der Emire.
Die Herrschaft des Gesandten über seine Angehörigen ist geistlich. Sie stammt aus dem Glauben des Herzens und aus seinem totalen und ehrlichen Unterworfensein, dem das Unterworfensein des Körpers folgt. Die Herrschaft eines Herrschers ist hingegen materiell und basiert auf dem Unterwerfen des Körpers, ohne dass sie Verbindung zu den Herzen herstellt. Die erste ist eine Herrschaft der Rechtleitung bzw. der Hinführung zu Gott, während die zweite eine Herrschaft zur Regelung der Lebensinteressen sowie zur Entwicklung und Kultivierung der Erde ist. Die erste ist für die Religion und für Gott, die zweite hingegen für die Welt und die Menschen. Die eine ist eine religiöse und die andere eine politische Führung. Und wie entfernt ist die Politik von der Religion![276]

5) Nun möchten wir auf etwas Anderes aufmerksam machen. Es gibt einige Wörter, die manchmal als Synonyme und manchmal als Antonyme benutzt werden, was in einigen Fällen zu Streitigkeiten, Meinungsverschiedenheiten oder Verwirrung in der Entscheidung führen kann. Beispiele dafür sind Wörter wie malik (König), sulṭān (Sultan), ḥākim (Herrscher), amīr (Emir), ḫalīfa (Kalif), daula (Staat), mamlaka (Königreich), ḥukūma (Regierung), ḫilāfa (Kalifat) etc.

Wenn wir hier die Frage stellen, ob der Prophet (Gott segne ihn und schenke ihm Heil) ein König war oder nicht, so wollen wir damit fragen, ob Er (Gott segne ihn und schenke ihm Heil) eine andere Eigenschaft als die eines Gesandten hatte, sodass zurecht gesagt werden kann, dass er bereits eine politische Einheit gegründet oder zumindest mit der Gründung begonnen hat oder nicht. Denn der Begriff König, wie wir ihn hier benutzen – man kann ihn durchaus als Kalif, Sultan, Emir oder anders bezeichnen –, bedeutet Herrscher über eine Nation mit einer politischen und zivilen Einheit. Mit Staat, Sultanat und

---

[276] Damit spielt der Autor unmittelbar auf die Trennung zwischen Religion und Politik an.

Königsreich meinen wir das, was die Politikwissenschaftler unter „government, state, kingdom“[277] u.ä. verstehen.

Wir haben keinen Zweifel daran, dass der Islam eine religiöse Einheit ist und dass die Muslime an sich eine einheitliche Gemeinschaft sind. Der Prophet (Gott segne ihn und schenke ihm Heil) hat zu dieser Einheit aufgerufen und sie bereits vor seinem Tod vollendet. Er (Gott segne ihn und schenke ihm Heil) stand an der Spitze dieser religiösen Einheit als ihr einziger Führer, ihr einzigartiger Leiter und ihr Herr, dessen Befehl nicht zurückzuweisen bzw. dessen Aussagen nicht zu widersprechen waren. Für diese islamische Einheit hat er (Friede sei mit ihm) in Wort und Tat gekämpft. Dabei sind ihm der Sieg Gottes und die Eröffnung[278] gekommen. Die Engel bzw. die Macht Gottes unterstützten ihn, bis er die Botschaft mitgeteilt und das ihm anvertraute Gut übergeben hat.[279] Was ihm (Gott segne ihn und schenke ihm Heil) an Macht über seine Nation zustand, hatte weder vor noch nach ihm je ein König gehabt: „Der Prophet steht den Gläubigen näher als sie sich selber“[280]; „Und es ziemt sich nicht für einen gläubigen Mann oder eine gläubige Frau, dass sie – wenn Allah und Sein Gesandter eine Angelegenheit beschlossen haben – eine andere Wahl in ihrer Angelegenheit treffen. Und der, der Allah und Seinem Gesandten nicht gehorcht, geht wahrlich in offenkundiger Weise irre.“[281]

Wer diese religiöse Einheit als Staat, die absolute prophetische Macht des Propheten (Gott segne ihn und schenke ihm Heil) als Königtum oder Kalifat, den Propheten (Friede sei mit ihm) als König, Kalif oder Sultan bezeichnen will, der kann es ruhig tun. Denn es handelt sich dabei nur um Bezeichnungen, bei denen wir uns nicht aufhalten sollten. Wichtig ist aber, wie wir erklärt haben, die Bedeutung, die wir klar und deutlich bestimmt haben.

Ist es wichtig zu wissen, ob die Herrschaft des Propheten (Gott segne ihn und schenke ihm Heil) über seine Angehörigen eine Botschafts- oder Königtumsführung ist? Waren die Merkmale der Herrschaft, die man verschiedentlich in der Geschichte des Propheten (Friede sei mit ihm) erkennt, Erscheinungen eines politischen Staates oder einer religiösen Führung? War diese Einheit, an deren Spitze der Prophet (Friede sei mit ihm) stand, eine Regierungs- bzw. Staatsein-

---

[277] Im Original werden die englischen Wörter benutzt.

[278] Eine Anspielung auf Koran 110:1. Es handelt sich hier allerdings um Sieg und Eröffnung im Allgemeinen und nicht um die Eröffnung (d.h. Eroberung) von Mekka, was unter dem angeführten Vers zu verstehen ist.

[279] Eine Anspielung auf Koran 4:58. Gemeint ist, dass er seine Aufgabe erfüllt hat.

[280] Sūrat al-aḥzāb (Die Verbündeten; Koran 33:6); (Fn.-Rāziq).

[281] Sūrat al-aḥzāb (Die Verbündeten; Koran 33:36); (Fn.-Rāziq).

heit oder eine rein religiöse, nichtpolitische Einheit? Und schließlich: War er (Gott segne ihn und schenke ihm Heil) nur ein Gesandter oder auch ein König?

6)[282] Die klaren Stellen des edlen Korans bestätigen die Annahme, dass der Prophet (Gott segne ihn und schenke ihm Heil) nichts mit dem politischen Königtum zu tun hatte. Ferner greifen die Koranverse so ineinander, dass die himmlischen Taten des Propheten die Grenzen einer Verkündung, die frei von Machtansprüchen ist, nicht überschritten haben.

Gott spricht: „Wer dem Gesandten gehorcht, der hat Allah gehorcht; und wenn sich jemand abwendet, so haben Wir dich nicht zum Hüter über sie gesandt."[283]; „Und deine Leute haben es für eine Lüge gehalten, obwohl es die Wahrheit ist. Sprich: Ich bin nicht euer Wächter. Jede Weissagung hat ihre festgesetzte Zeit, und bald werdet ihr es erfahren."[284]; „Folge dem, was dir von deinem Herrn offenbart wurde – es ist kein Gott außer Ihm – und wende dich von den Götzendienern ab. Und hätte Allah es gewollt, hätten sie (Ihm) keine Götter zur Seite gesetzt. Wir haben dich weder zu ihrem Hüter gemacht, noch bist du ihr Wächter"[285]; „Und hätte dein Herr es gewollt, so hätten alle, die insgesamt auf der Erde sind, geglaubt. Willst du also die Menschen dazu zwingen, Gläubige zu werden?"[286]; „Sprich: O ihr Menschen, nun ist die Wahrheit von eurem Herrn zu euch gekommen. Wer nun dem rechten Weg folgt, der folge ihm allein zum Heil seiner eigenen Seele; und wer in die Irre geht, der geht nur zu seinem eigenen Schaden irre. Und ich bin nicht euer Hüter."[287]; „Und Wir haben dich nicht als ihren Wächter entsandt."[288]; „Hast du den gesehen, der seine persönliche Neigung zu seinem Gott macht? Könntest du wohl sein Wächter sein?"[289]; „Wahrlich, Wir haben dir das Buch mit der Wahrheit für die Menschen herab gesandt. Wer dann rechtgeleitet ist[290], der ist es zu seinem eigenen Besten; und wer irregeht, der geht dann irre zu seinem (eigenen) Schaden. Und du bist nicht ihr Sachwalter"[291]; „Kehren sie sich (vom Glauben) ab, so haben Wir dich nicht als deren Wächter entsandt. Deine Pflicht ist nur die Verkündigung."[292]; „Wir wis-

---

282 Im arabischen Text versehentlich anders gekennzeichnet.
283 Sūrat an-nisā' (Die Frauen; Koran 4:80); (Fn.-Rāziq).
284 Sūrat al-an'ām (Das Vieh; Koran 6:66 und 6:67); (Fn.-Rāziq).
285 Sūrat al-an'ām (Das Vieh; Koran 6:106, 107); (Fn.-Rāziq).
286 Sūrat Yūnus (Jonas; Koran 10:99); (Fn.-Rāziq).
287 Sūrat Yūnus (Jonas; Koran 10:108); (Fn.-Rāziq).
288 Sūrat al-isrā' (Die Nachtfahrt; Koran 17:54); (Fn.-Rāziq).
289 Sūrat al-furqān (Die Rettung; Koran 25:43); (Fn.-Rāziq).
290 Besser: *Wer den rechten Weg einschlägt* oder *wer sich für den rechten Weg entscheidet*. Die im arabischen Original verwendete Verbform *ihtadā* bringt die aktive Seite des Menschen zum Ausdruck.
291 Sūrat az-zumar (Die Scharen; Koran 39:41); (Fn.-Rāziq).
292 Sūrat aš-šūrā (Die Beratung; Koran 42:48); (Fn.-Rāziq).

sen am besten, was sie sagen; und du hast keine Gewalt über sie. Ermahne darum durch den Koran den, der Meine Drohung fürchtet."[293]; „So ermahne; denn du bist wahrlich ein Ermahner, du hast aber keine Macht über sie. Was jedoch den anbelangt, der sich abkehrt und im Unglauben verharrt, Allah wird ihn dann mit der schwersten Strafe bestrafen."[294]

Der Koran, wie man sieht, lehnt ausdrücklich ab, dass der Prophet (Gott segne ihn und schenke ihm Heil) ein Hüter oder Wächter über die Menschen war, dass er Gewalt[295] oder Macht über sie besaß und dass er Anspruch darauf hatte, die Menschen dazu zu zwingen, Gläubige zu werden. Wer aber kein Wächter ist und keine Macht über die Menschen hat, der ist kein König, da die absolute Macht bzw. die Gewalt zu den Königtumserfordernissen gehört, und zwar in Form einer uneingeschränkten Macht. Ferner ist derjenige, der nicht Hüter über die Nation ist, auch kein König. Gott sagt dazu: „Muhammad ist nicht der Vater eines eurer Männer, sondern der Gesandte Allahs und der letzte aller Propheten, und Allah besitzt die volle Kenntnis aller Dinge."[296]

Der Koran sagt eindeutig, dass Muḥammad (Gott segne ihn und schenke ihm Heil) keine Rechte gegenüber seiner Nation hatte außer dem Recht der Verkündung der Botschaft. Wäre er (Gott segne ihn und schenke ihm Heil) ein König gewesen, hätte er auch die Rechte eines Königs gegenüber seiner Nation gehabt. Der König besitzt nämlich ein anderes Recht als das der Botschaft, er verfügt über andere Privilegien und Einflüsse. Gott sagt dazu: „Sprich: Ich habe nicht die Macht, mir selbst zu nützen oder zu schaden, es sei denn, Allah will es. Und hätte ich Kenntnis von dem Verborgenen, wahrlich, ich hätte mir die Fülle des Guten zu sichern vermocht, und Übles hätte mich nicht berührt. Ich bin ja nur ein Warner und ein Bringer froher Botschaft für die Leute, die gläubig sind."[297]; „Vielleicht wirst du nun einen Teil von dem aufgeben, was dir offenbart wurde; und deine Brust wird davon so bedrückt sein, dass sie sagen: Warum ist nicht ein Schatz zu ihm niedergesandt worden oder ein Engel mit ihm gekommen? Du

---

293 Sūrat qāf (Q.; Koran 50:45); (Fn.-Rāziq).

294 Sūrat al-ġāšiya (Die Bedeckende; Koran 88:21-24); (Fn.-Rāziq).

295 Ich glaube, ich habe in einem Buch, dessen Angaben mir jetzt nicht einfallen, gelesen, dass al-Ǧabbār eine Bezeichnung für den König bei einigen arabischen Stämmen ist. In diesem Sinne ist die koranische Äußerung zu verstehen: „und du hast keine Gewalt über sie". Ich habe allerdings in den mir zur Verfügung stehenden Linguistikbüchern gefunden, dass der König Ǧabbār genannt wird. Man sagt: Al-Ǧabbār ist erschienen, al-Ǧabbār für das Sternbild der Zwillinge, weil es die Form eines gekrönten Königs auf dem Thron hat. Es wird auch gesagt: Etwa ist soundso viele Ellen lang, gemessen mit der Elle eines Ǧabbār, d.h. eines Königs. Und Gott weiß es am besten (Fn.-Rāziq).

296 Sūrat al-aḥzāb (Die Verbündeten; Koran 33:40); (Fn.-Rāziq).

297 Sūrat al-a'rāf (Der Wall; Koran 7:188); (Fn.-Rāziq).

aber bist nur ein Warner, und Allah ist der Hüter aller Dinge."[298]; „Du bist nur ein Warner. Und für jedes Volk wird ein Führer (eingesetzt).[299]"; „Sprich: Ich bin nur ein Mensch wie ihr, doch mir ist offenbart worden, dass euer Gott ein Einziger Gott ist. Möge denn derjenige, der auf die Begegnung mit seinem Herrn hofft, gute Werke tun und keinen anderen einbeziehen in den Dienst an seinem Herrn."[300]; „Sprich: O ihr Menschen, ich bin euch nur ein deutlicher Warner."[301]; „Nur dies wurde mir offenbart, dass ich lediglich ein deutlicher Warner bin."[302]; „Sprich: Ich bin nur ein Mensch wie ihr. Mir wird offenbart, dass euer Gott ein Einziger Gott ist."[303]

Der Koran sagt, wie man gesehen hat, eindeutig, dass Muḥammad (Gott segne ihn und schenke ihm Heil) nur ein Gesandter war, vor ihm schon andere Gesandte erschienen sind. Der Koran sagt auch eindeutig, dass er (Segen und Friede seien mit ihm) nur die Aufgabe hatte, die Botschaft des erhabenen Gottes den Menschen zu verkünden. Keinen anderen Auftrag hatte er außer dieser Verkündung. Ihm steht nicht zu, den Leuten aufzuerlegen, was er ihnen gebracht hat, oder sie dazu zu zwingen. Gott sagt in diesem Zusammenhang: „Kehrt ihr euch jedoch von ihm ab, dann wisset, dass Unserem Gesandten nur die deutliche Verkündigung obliegt."[304]; „Dem Gesandten obliegt nur die Verkündigung. Und Allah weiß, was ihr kundtut und was ihr verborgen haltet."[305]; „Haben sie denn nicht darüber nachgedacht, dass ihr Gefährte nicht besessen ist? Er ist nichts anderes als ein deutlicher Warner."[306]; „Scheint es den Menschen so verwunderlich, dass Wir einem Manne aus ihrer Mitte eingegeben haben: Warne die Menschen und verkünde die frohe Botschaft denjenigen, die da glauben, dass sie einen wirklichen Rang bei ihrem Herrn innehaben werden?"[307]; „Und ob Wir dich einen Teil von dem sehen lassen, was Wir ihnen androhen, oder ob Wir dich sterben lassen – dir obliegt nur die Verkündigung und Uns die Abrechnung."[308]; „Sind die Gesandten für irgend etwas außer für die deutliche Verkündigung verantwortlich?"[309]; „Und Wir haben dir das Buch nur deshalb herab gesandt, auf

---

298 Sūrat hūd (Hud; Koran 11:12); (Fn.-Rāziq).
299 Sūrat ar-ra'd (Der Donner; Koran 13:7); (Fn.-Rāziq).
300 Sūrat al-kahf (Die Höhle; Koran 18:110); (Fn.-Rāziq).
301 Sūrat al-ḥaǧǧ (Die Pilgerfahrt; Koran 22:49); (Fn.-Rāziq).
302 Sūrat ṣād (S.; Koran 38:70); (Fn.-Rāziq).
303 Sūrat ḥā' mīm as-saǧda (Die Anbetung; Koran 41:6). Auch als fuṣṣilat (Erklärt) bekannt; (Fn.-Rāziq).
304 Sūrat al-mā'ida (Der Tisch; Koran 5:92); (Fn.-Rāziq). Der erste Teil des Verses fehlt, er lautet: *„Und gehorcht Allah und gehorcht dem Gesandten und seid auf euerer Hut."*.
305 Sūrat al-mā'ida (Der Tisch; Koran 5:99); (Fn.-Rāziq).
306 Sūrat al-a'rāf (Der Wall; Koran 7:184); (Fn.-Rāziq).
307 Sūrat Yūnus (Jonas; Koran 10:2); (Fn.-Rāziq).
308 Sūrat ar-ra'd (Der Donner; Koran 13:40); (Fn.-Rāziq).
309 Sūrat an-naḥl (Die Bienen; Koran 16:35); (Fn.-Rāziq).

dass du ihnen das erklärest, worüber sie uneinig sind, und (Wir haben es) als Führung und Barmherzigkeit für die Leute, die glauben (herab gesandt)."[310]; „Doch wenn sie sich abkehren, dann bist du für nichts verantwortlich außer für die klare Verkündigung."[311]; „Und dich entsandten Wir nur als Bringer froher Botschaft und Warner."[312]; „Darum haben Wir ihn (den Koran) (dir) in deiner Sprache leicht (verständlich) gemacht, damit du durch ihn den Gottesfürchtigen die frohe Botschaft verkünden und die Streitsüchtigen warnen mögest."[313]; „Ṭa Ha. Wir haben den Koran nicht auf dich herab gesandt, um dich unglücklich zu machen, sondern als eine Ermahnung für den, der (Allah) fürchtet."[314]; „Und dem Gesandten obliegt nur die deutliche Verkündigung."[315]; „Und Wir haben dich nur als Bringer froher Botschaft und als Warner gesandt."[316]; „Wahrlich, mir ist nur befohlen worden, dem Herrn dieser Stadt zu dienen, die Er geheiligt hat, und Sein sind alle Dinge; und mir ist befohlen worden, einer der Gottergebenen zu sein und den Koran zu verlesen. Wer also dem rechten Weg folgt, der folgt ihm nur zu seinem eigenen Besten; (wenn) einer irregeht, so sprich: Ich bin nur einer der Warner."[317]; „Und wenn ihr es für Lüge erklärt, so haben Völker vor euch es für Lüge gehalten. Und dem Gesandten obliegt nur die deutliche Verkündigung."[318]; „O Prophet, Wir haben dich als einen Zeugen, als Bringer froher Botschaft und als Warner entsandt und mit Seiner Erlaubnis als einen Ausrufer zu Allah und als eine lichtspendende Leuchte."[319]; „Und Wir haben dich nur als Bringer froher Botschaft und Warner für alle Menschen entsandt; jedoch die meisten Menschen wissen es nicht."[320]; „Es ist in eurem Gefährten (dem Propheten) keine Besessenheit; er ist für euch nur ein Warner vor einer bevorstehenden strengen Strafe."[321]; „Wahrlich, du bist nur ein Warner. Wahrlich, Wir haben dich mit der Wahrheit als Bringer froher Botschaft und als Warner entsandt; und es gibt kein Volk, in dem es nicht einmal schon Warner gegeben hätte."[322]; „Und uns obliegt nur die klare Verkündigung."[323]; „Sprich: Ich bin nur ein Warner; und es ist kein Gott außer Allah, dem Einzigen, dem Allbe-

---

[310] Sūrat an-naḥl (Die Bienen; Koran 16:64); (Fn.-Rāziq).
[311] Sūrat an-naḥl (Die Bienen; Koran 16:82); (Fn.-Rāziq).
[312] Sūrat al-isrā' (Die Nachtfahrt; Koran 17:105); (Fn.-Rāziq).
[313] Sūrat Maryam (Maria; Koran 19:97); (Fn.-Rāziq).
[314] Sūrat ṭa ha (T. H.; Koran 20:1-3); (Fn.-Rāziq).
[315] Sūrat an-nūr (Das Licht; Koran 24:54); (Fn.-Rāziq).
[316] Sūrat al-furqān (Die Rettung; Koran 25:56); (Fn.-Rāziq).
[317] Sūrat an-naml (Die Ameisen; Koran 27:91, 92); (Fn.-Rāziq).
[318] Sūrat al-'ankabūt (Die Spinne; Koran 29:18); (Fn.-Rāziq).
[319] Sūrat al-aḥzāb (Die Verbündeten; Koran 33:45, 46); (Fn.-Rāziq).
[320] Sūrat saba' (Saba; Koran 34:28); (Fn.-Rāziq).
[321] Sūrat saba' (Saba; Koran 34:46); (Fn.-Rāziq).
[322] Sūrat fāṭir (Der Schöpfer; Koran 35:23, 24); (Fn.-Rāziq).
[323] Sūrat yā sīn (J. S.; Koran 36:17); (Fn.-Rāziq).

zwingenden."[324]; „Sprich: Ich bin kein neuer Erfinder unter den Gesandten, und ich weiß nicht, was mit mir oder mit euch geschehen wird. Ich folge nur dem, was mir offenbart wird; und ich bin nur ein deutlicher Warner."[325]; „Wahrlich, Wir haben dich als Zeugen und als Bringer froher Botschaft und als Warner gesandt."[326]; „Und gehorcht Allah und gehorcht dem Gesandten. Doch wenn ihr euch (von ihm) abkehrt, dann obliegt Unserem Gesandten nur die Pflicht zur deutlichen Verkündigung."[327]; „Sprich: Das Wissen (darum) ist wahrlich bei Allah, und ich bin nur ein deutlicher Warner."[328]; „Sprich: ‚Ich rufe einzig meinen Herrn an, und ich stelle Ihm niemanden zur Seite.' „Sprich: ‚Ich habe nicht die Macht, euch Schaden oder Nutzen zuzufügen.'" „Sprich: ‚Wahrlich, keiner kann mich vor Allah beschützen, noch kann ich eine Zuflucht außer bei Ihm finden. (Ich habe) nur die Übermittlung (der Offenbarung) von Allah und Seine Botschaften (auszurichten).'"[329]

7) Gehen wir vom Buch des Erhabenen Gottes[330] zur Sunna des Propheten (Segen und Friede seien mit ihm), finden wir die Angelegenheit noch deutlicher und den Beweis noch schlagender. Der Verfasser[331] der Prophetenbiografie hat berichtet, dass ein Mann zum Propheten (Gott segne ihn und schenke ihm Heil) kam, um etwas zu erledigen. Als er vor ihm stand, ergriffen ihn starkes Zittern und Ehrfurcht. Da sagte er (Gott segne ihn und schenke ihm Heil) zu ihm: Beruhige dich! Ich bin doch weder ein König noch ein Machthaber, sondern nur der Sohn einer Frau von den Quraiš, die sich in Mekka von qadīd[332] ernährt. Weiterhin wurde in einem ḥadīṯ Folgendes überliefert: „Als (der Engel) Isrāfīl den Propheten vor die Wahl stellte, entweder Prophet und König oder Prophet und Diener Gottes[333] zu sein, blickte er (Gott segne ihn und schenke ihm Heil) zu Gabriel (Friede sei mit ihm), um ihn zu Rate zu ziehen. Da schaute Gabriel nach

---

324 Sūrat ṣād (S.; Koran 38:65); (Fn.-Rāziq).

325 Sūrat al-aḥqāf (Die Dünen; Koran 46:9); (Fn.-Rāziq).

326 Sūrat al-fatḥ (Der Sieg; Koran 48:8); (Fn.-Rāziq).

327 Sūrat al-mā'ida (Der Tisch; 5:92); (Fn.-Rāziq). Es handelt sich aber nicht um diesen Vers, sondern um die sūrat at-taġābun (Der gegenseitige Betrug; Koran 64:12), denn der Vers 5:92 lautet: „Und gehorcht Allah und gehorcht dem Gesandten *und seid auf euerer Hut*. Doch wenn ihr euch (von ihm) abkehrt, dann obliegt Unserem Gesandten nur die Pflicht zur deutlichen Verkündigung."

328 Sūrat al-mulk (Das Reich; Koran 67:26); (Fn.-Rāziq).

329 Sūrat al-ǧinn (Die Dschinn; Koran 72:20-23); (Fn.-Rāziq).

330 Eine gebräuchliche Bezeichnung für den Koran

331 Die Prophetenüberlieferungen von Aḥmad b. Zainī Daḥlān, gest. 1304 h. Zitiert nach Iktifā' al-qanū' (Die Beschränkung auf das Genügsame); (Fn.-Rāziq).

332 In Streifen geschnittenes und getrocknetes Fleisch (vergleichbar mit dem englischen Beef Jerky). Das war zur Zeit des Propheten ein Symbol der einfachen Lebensverhältnisse.

333 Arab. ʿabd; deutet auf die Bescheidenheit, da nach islamischer Auffassung alle Menschen, also auch Könige und Gesandte, Diener Gottes sind.

unten, womit er auf Bescheidenheit deutete." In einer anderen Überlieferung heißt es, dass Gabriel ihm den Ratschlag erteilte, bescheiden zu sein. Da sagte der Prophet[334]: „Ich will ein Prophet und Diener Gottes sein." Dies gilt auch als ein deutliches Zeichen dafür, dass er (Gott segne ihn und schenke ihm Heil) kein König war und das Königtum weder forderte noch anstrebte.

Man möge im gesamten edlen Koran eine deutliche oder eine verborgene Spur nach einem angeblich politischen Charakter der islamischen Religion suchen, man möge dies auch in den ḥadīṯen des Propheten (Gott segne ihn und schenke ihm Heil) nach besten Kräften tun. Diese sind ja wohl die reinen Quellen der Religion. Sie stehen jedem zur Verfügung und sind leicht einsehbar. Sucht man aber einen direkten oder indirekten Hinweis darauf, wird man mit Sicherheit außer einer Vermutung keinen Beweis dafür finden. Eine Vermutung nützt allerdings nichts gegenüber der Wahrheit.[335]

8) Der Islam ist eine religiöse Mission in Bezug auf den Erhabenen Gott. Er ist einer der Heilswege des Menschen, leitet ihn zum Hocherhabenen Gott und öffnet ihm den Weg zur ewigen Freude, die Gott für seine frommen Diener vorgesehen hat. Er ist eine religiöse Einheit, mit der Gott alle Menschen verbinden und die ganze Welt umfassen will.

Dies ist eine heilige und reine Mission für diese Welt mit all ihren Menschen[336], damit sie sich alle am Seil Allahs[337] festhalten, eine einheitliche Nation werden und einen einzigen Gott anbeten, wodurch sie zu Brüdern werden. Dies ist eine Mission zum höchsten Ideal des Weltfriedens und zur Führung der Welt in die ihr gebührende Vollkommenheit, hin zu dem, was Gott ihr an Freude gespendet hat. Dies ist eine Gnade des Himmels gegenüber der Erde, Gottes Huld für alle Welten.

Die Aufforderung an die gesamte Welt zur Brüderlichkeit in der Religion ist eine nachvollziehbare Mission, zu deren Verwirklichung alle Menschen von Natur aus bereit sind. Ganz sicher! Denn der Erhabene Gott hat versprochen, dass diese Mission vollendet wird. So: „Denke nicht, dass Allah Sein Versprechen nicht halten werde."[338]; „Verheißen hat Allah denen, die von euch glauben und gute Werke tun, dass Er sie gewiss zu Nachfolgern auf der Erde machen wird, wie Er jene, die vor ihnen waren, zu Nachfolgern machte; und dass Er gewiss für sie ihre Religion befestigen wird, die Er für sie auserwählt hat; und dass

[334] Wörtlich: fa-qultu.
[335] Eine Anspielung auf Koran 10:36.
[336] Wörtlich: Mit den „Roten" und den „Schwarzen".
[337] Eine Anspielung auf Koran 3:103.
[338] Sūrat Ibrāhīm (Abraham; Koran 14:47); (Fn.-Rāziq).

Er gewiss ihren (Stand) nach ihrer Furcht in Frieden und Sicherheit verwandeln wird, auf dass sie Mich verehren (und) Mir nichts zur Seite stellen. Wer aber hernach undankbar ist, wird ein Frevler sein."[339]; „Er ist es, Der Seinen Gesandten mit der Führung und der wahren Religion geschickt hat, auf dass Er sie über jede andere Religion siegen lasse. Und Allah genügt als Zeuge."[340]; „Und wer ist ungerechter als der, der gegen Allah eine Lüge erdichtet und selbst zum Islam aufgefordert wird? Und Allah leitet kein ungerechtes Volk. Sie wollen Allahs Licht mit ihren Mündern auslöschen, doch Allah wird Sein Licht vollenden, auch wenn die Ungläubigen es verwünschen. Er ist es, Der Seinen Gesandten mit der Führung und der wahren Religion geschickt hat, auf dass Er sie über alle Religionen siegen lasse, auch wenn die Götzendiener es verwünschen."[341]

Es ist denkbar, dass die gesamte Welt von einer einzigen Religion ergriffen wird, dass die ganze Menschheit eine religiöse Einheit bildet. Dass der gesamten Welt jedoch eine einzige Regierung auferlegt wird und die Welt in einer gemeinsamen politischen Einheit verschmilzt, liegt beinahe außerhalb der Natur des Menschen. Darauf bezieht sich nicht der Wille Gottes.
Dies gehört nämlich zu den weltlichen Zielen, in denen Gott unserem Verstand freie Hand gelassen hat. Gott ließ die Menschen solche Fragen nach ihrem Verstand, ihren Wissenschaften, ihren Interessen, ihren Wünschen und Neigungen frei entscheiden. Darin liegt eine vollendete Weisheit Gottes, dass die Menschen unterschiedlich bleiben. Gott sagt dazu: „Und hätte dein Herr es gewollt, so hätte Er die Menschen alle zu einer einzigen Gemeinde gemacht; doch sie wollten nicht davon ablassen, uneins zu sein. Ausgenommen davon sind jene, derer dein Herr Sich erbarmt hat, und dazu hat Er sie erschaffen."[342]. Somit bleibt zwischen den Menschen die gegenseitige und von Gott gewollte Zurückhaltung, damit sich Entwicklung und Kultivierung der Erde vollenden: „Und wenn Allah nicht die einen Menschen durch die anderen zurückgehalten hätte, dann wäre die Erde wahrhaftig von Unheil erfüllt. Doch Allah ist huldvoll gegen alle Welten."[343]. So soll es bis zum Ende der Welt bleiben und sich der Befehl Gottes erfüllen.[344]

Dies alles gehört zu den weltlichen Angelegenheiten, deren Verwaltung und Entscheidung darüber der Prophet (Gott segne ihn und schenke ihm Heil) abge-

---

339 Sūrat an-nūr (Das Licht; Koran 24:55); (Fn.-Rāziq).
340 Sūrat al-fatḥ (Der Sieg; Koran 48:28); (Fn.-Rāziq).
341 Sūrat aṣ-ṣaff (Die Schlachtordnung; Koran 61:7-9); (Fn.-Rāziq).
342 Sūrat Hūd (Hud; Koran 11:118); (Fn.-Rāziq).
343 Sūrat al-baqara (Die Kuh; Koran 2:251); (Fn.-Rāziq).
344 Gemeint ist der Auferstehungstag.

lehnt hat, indem er sagte: „Ihr kennt eure Lebensangelegenheiten besser“[345]. Dies gehört zu den Angelegenheiten der Welt. Die ganze Welt ist von ihrem Anfang bis zu ihrem Ende mit all ihren Zielen und Wünschen für den Erhabenen Gott nicht von einer solchen Bedeutung, dass Er uns etwas hinsichtlich ihrer Verwaltung auferlegt, abgesehen davon, dass Er uns Verstand verleiht, uns mit Gefühlen und Trieben beschenkt und uns Benennungen und Bedeutungen lehrt. Die Welt ist für Gott nicht von einer solchen Bedeutung, dass Er ihr einen Gesandten schickt. Auch ist sie für die erhabenen Gesandten Gottes nicht von einer solchen Bedeutung, dass sie sich damit beschäftigen oder auf ihre Verwaltung abzielen.

9) Das, was in der Biografie des Propheten (Gott segne ihn und schenke ihm Heil) vielleicht als eine Regierungstätigkeit erkennbar ist oder als ein Zeichen des Königtums und des Staates erscheint, kann bei gründlicher Überlegung keinen Zweifel hervorrufen. Es war nur eines der Mittel, auf die der Prophet (Gott segne ihn und schenke ihm Heil) zurückgriff, um die Religion zu festigen und die Mission zu unterstützen. Es verwundert nicht, dass der ǧihād eines dieser Mittel war. Es ist zwar ein hartes und strenges Mittel, aber das Übel kann manchmal – wer weiß das schon – für das Gute notwendig sein. Die Zerstörung ist manchmal unabdingbar, damit sich Entwicklung und Kultivierung vollenden.

„Gegen die Aussage, dass dies nicht ohne Überwältigung geschah, kann man einwenden, dass es um das für alle Geschöpfe geltende Gesetz Gottes[346] geht. Der Kampf zwischen der Wahrheit und dem Falschen[347], zwischen der Rechtleitung und der Irreführung[348] dauert in dieser Welt an, bis Gott darüber entscheidet.
Wenn Gott den Regen zu einem dürren Boden bringt, damit das Ödland wieder lebt, Erträge hervorbringt und fruchtbar wird, würde es Seine Stellung herabsetzen, wenn der Regen auf seinem Weg ein Hindernis aufbauen und ein Haus auf schmalen Säulen vernichten würde?“[349]

Man sagt, Du hast Feldzüge geführt.
Die Gesandten Gottes wurden jedoch nicht gesandt,
Um Menschen zu töten oder Blut zu vergießen.

---

[345] Es handelt sich hierbei um einen Teil einer Prophetenüberlieferung, die der Autor ohne Kennzeichnung als solche erwähnt.

[346] Arab. sunnat Allah, eine Anspielung u.a. auf Koran 33:62 und weitere Verse.

[347] Arab. al-ḥaqq und al-bāṭil, eine Anspielung auf Koran 8:8 und weitere Verse.

[348] Eine Anspielung auf Koran 2:256.

[349] Risālat at-tauḥīd (Die Botschaft des Monotheismus) von Šaiḫ Muḥammad ʿAbduh, S. 122-123 (Fn.-Rāziq).

Das ist Unwissen, Irrtum des Verstandes und Trugschluss,
Denn Du hast mit dem Stift und erst dann mit dem Schwert erobert.

Als jeder Angesehene freiwillig zu dir kam,
Hat sich das Schwert nur der törichten Unwissenden und Laien angenommen.

Wenn man mit dem Guten dem Bösen begegnet, ist man dem nicht gewachsen.
Mit dem Bösen wird das Böse aber endgültig bekämpft.

Du hast ihnen alles, was sie nicht wissen, beigebracht,
Sogar den Kampf mit seinen negativen Seiten.[350]

10) Aus dem Dargelegten erkennt man, dass sowohl der Koran als auch die Sunna uns zu glauben verbieten, dass der Prophet (Gott segne ihn und schenke ihm Heil) neben seiner religiösen Botschaft zu einem politischen Staat aufgerufen habe. Neben Koran und Sunna treten die Bestimmung der Vernunft und das, was Sinn und Natur der Botschaft bedingen.
Die Herrschaft Muḥammads (Gott segne ihn und schenke ihm Heil) über die Gläubigen war nur die Herrschaft der Botschaft, die nicht im Geringsten mit dem Regieren zu tun hat. Weit gefehlt, daran nicht zu glauben!
Es gab keine Regierung, keinen Staat, keine politischen Tendenzen und keine Ziele der Könige und Emire.

Man mag nun hoffentlich die Antwort auf die Frage gefunden haben, warum die Prophetenzeit keine Merkmale einer Regierung und keine Staatsziele hatte, warum es kein Herrschaftsstatut, keine Statthalter, Richter oder Dīwāne usw. gab. Hoffentlich hat sich die Dunkelheit dieser Verwirrung in ein Licht verwandelt, ist das Feuer erkaltet[351].

---

[350] Von Aḥmad Bek Šauqī (Fn.-Rāziq). Aḥmad Šauqī (1868-1932) ist ein bekannter ägyptischer Dichter, 1927 mit dem Titel „The Prince of Poets" (amīr aš-šuʿarā') geehrt.
[351] Eine Anspielung auf Koran 21:69. Bezieht sich auf die Rettung Abrahams aus dem Feuer.

Drittes Buch: Das Kalifat und die Regierung in der Geschichte

Erstes Kapitel: Die religiöse Einheit und die Araber

1) Der Islam, wie man erfahren hat, ist eine erhabene Mission, die Gott zum Wohl der ganzen Welt, in den Osten und Westen, zu Arabern und Nichtarabern, Männern und Frauen, Reichen und Armen, Wissenden und Unwissenden geschickt hat. Der Islam ist eine religiöse Einheit, mit der Gott die Menschen verbinden wollte und die alle Länder der Welt umfassen sollte. Der Islam war niemals lediglich eine arabische Mission, eine arabische Einheit oder eine arabische Religion. Der Islam bevorzugt keine Nation, keine Sprache, kein Land, kein Zeit und keine Generation, er bevorzugt nur die Gottesfurcht.[352] Dies ist der Fall, obwohl der Prophet (Friede sei mit ihm) – wie man sieht – Araber war, die Araber von Natur her liebte und sie lobte. Ferner ist das Buch Gottes in deutlicher arabischer Sprache[353].

2) Es unbedingt wichtig, dass die Mission des Islam zu dieser Welt kommt, sich als eine feste Wahrheit unter den Wahrheiten dieser Welt erhebt und dass ein von Gott gewählter Gesandter sie vom Erhabenen Heiligen[354] empfängt, um sie den Menschen zu verkünden.

Der Hocherhabene Gott – Seine Entscheidung sei erhaben – hatte den Willen, einen Gesandten ausschließlich aus den arabischen Stämmen für diese Mission zu wählen. Gott hat ihn unter den Kindern Ismāʿīls[355], aus dem Stammesverband der Kināna, aus dem Stamm der Quraiš, aus der Sippe der Haschimiten (Banū Hāšim) ausgewählt und Muḥammad b. ʿAbdullah (Gott segne ihn und schenke ihm Heil) dafür vorgesehen. Darin liegt eine vollendete Weisheit[356] des Erhabenen Gottes, die man möglicherweise erkennt oder nicht: „Und dein Herr erschafft, was Er will, und wählt, was Ihm gefällt. Sie aber haben keine Wahl. Preis sei Allah! Und erhaben ist Er über das, was sie Ihm beigesellen. Dein Herr weiß, was ihre Brüste verbergen und was sie offenkundig tun."[357]

Wenn das Buch in arabischer Sprache vorliegt und der Gesandte Araber war, ist es sicherlich unvermeidlich, dass die Mission des Islam unter den Arabern beginnt, bevor sie andere erreicht. Es ist auch mit Sicherheit unvermeidlich, dass die Araber die ersten waren, die die Mission des Verkünders der frohen Bot-

---

352 Eine Anspielung auf Koran 49:13.
353 Eine Anspielung auf Koran 26:195 und weitere Verse.
354 Arab. al-quds al-aʿlā, damit ist Gott selbst gemeint.
355 Einer der Söhne Abrahams. Gilt im Islam als Prophet und Stammvater der Araber.
356 Eine Anspielung auf Koran 54:5. Mit Weisheit (arab. ḥikma) ist hier eher Zweck gemeint.
357 Sūrat al-qaṣaṣ (Die Geschichte; Koran 28:68-69); (Fn.-Rāziq).

schaft und des Warners[358] vernehmen konnten. Sie waren die ersten, die dieser zu Gott Aufrufende[359] erreichte und zur Rechtleitung versammeln konnte. So hat der Gesandte Gottes (Gott segne ihn und schenke ihm Heil) die Mission unter seinen nächsten Verwandten[360] und später unter seinem arabischen Volk begonnen. Er, unterstützt von Gott, ließ nicht von ihnen ab, bis sie sich seiner Mission unterworfen hatten. Unter der Herrschaft dieses vertrauenswürdigen Gesandten waren sie die ersten, die in die Einheit der Religion eingegangen sind.

3) Die arabischen Gebiete umfassten – wie man weiß – verschiedene arabische Völker und Stämme, unterschiedlicher Dialekte und entfernte Regionen. Die arabischen Länder waren auch in Bezug auf die politischen Einheiten unterschiedlich. Einige waren unter der Herrschaft des Römischen Reiches, andere waren selbstständig und unabhängig.

All das hatte notwendigerweise große Unterschiede zwischen diesen arabischen Nationen in Bezug auf die Regierungsmethoden, die Verwaltungsstrukturen, die Sitten und Traditionen sowie in Bezug auf viele wirtschaftliche und materielle Lebensbereiche zur Folge.

Diese von Unterschieden geprägten Nationen haben sich zur Zeit des Propheten (Gott segne ihn und schenke ihm Heil) in der Mission des Islam und unter Fahne des Islam gesammelt, sodass sie durch die Gnade Gottes Brüder wurden[361]. Sie alle einigte das enge Band der Religion, die Führerschaft des Propheten (Gott segne ihn und schenke ihm Heil) mit seiner Sympathie und Gnade umgab sie. So sind sie eine einheitliche Nation mit einem einzigen Führer, dem Propheten (Friede sei mit ihm), geworden.

Diese arabische Einheit, die zur Zeit des Propheten (Friede sei mit ihm) existierte, war auf keinen Fall eine politische Einheit. Sie hatte nicht den Charakter eines Staates oder einer Regierung. Sie war nichts anderes als eine reine religiöse Einheit ohne politische Zeichen. Sie war die Einheit des Glaubens und der religiösen Ausrichtung, nicht die des Staates oder der Gedanken zum Königtum.

4) Ein Beweis dafür ist die Biografie des Propheten (Gott segne ihn und schenke ihm Heil). Denn es ist nicht überliefert worden, dass er sich in die Politik jener zersplitterten Nationen einmischte und etwas an ihren Herrschaftsmethoden und am Verwaltungs- bzw. Rechtssystem ihrer Stämme änderte. Er hat nicht versucht, die gegenseitigen Kontakte und die sozialen oder wirtschaftlichen Bezie-

[358] Gemeint ist der Prophet.
[359] Gemeint ist der Prophet.
[360] Eine Anspielung auf Koran 26:214.
[361] Eine Anspielung auf Koran 3:103.

hungen dieser Nationen untereinander anzutasten. Man hat nie gehört, dass er dort einen Statthalter abgesetzt, einen Richter ernannt, ein Polizeisystem eingeführt oder Regeln für deren Handel, Landwirtschaft und Handwerk aufgestellt hätte. Sondern er (Friede sei mit ihm) überließ ihnen alle (weltlichen) Angelegenheiten und sagte zu ihnen: Ihr kennt sie besser. So war jede Gemeinschaft[362] in Bezug auf ihre zivile und politische Einheit bzw. auf das Vorhandensein von Chaos oder Ordnung nur durch das verbunden, was wir erwähnt haben: Die Einheit des Islam, seiner Normen und Sitten.

Man könnte vielleicht sagen, dass diese Regeln, Sitten und Gesetze[363], die der Prophet (Friede sei mit ihm) sowohl den arabischen als auch den nichtarabischen Nationen gebracht hat, zahlreich und geeignet waren, viele Lebensbereiche der Gemeinschaften weitestgehend zu regeln. Dazu gehören Bestimmungen zum Strafrecht, zur Armee, zum ǧihād, zum Kauf, zur Verschuldung, zur Hypothek, zu den Sitten beim Sitzen, Laufen und Sprechen u.a.m. Wer sonst hat die Araber diesen vielen Regeln unterworfen und ihre Lebensbereiche, Sitten und Gesetze in einem solchen umfangreichen Maße vereinheitlicht, wenn nicht der Islam? Der Islam habe ihre zivilen Systeme vereinheitlicht und sie zu einer politischen Einheit gemacht. Sie wären demnach ein einheitlicher Staat, dessen Führer und Herrscher der Prophet (Friede sei mit ihm) war, gewesen.

Wenn man allerdings nachdenkt, dann findet man, dass alles, was der Islam vorgeschrieben und der Prophet den Muslimen an Regelungen, Normen und Sitten auferlegt hat, mit den Methoden politischer Herrschaft und mit den Systemen des zivilen Staates nichts zu tun hatte. Trüge man all das zusammen, dann würde es nur einen kleinen Teil dessen ausmachen, was für einen zivilen Staat an politischen Grundlagen und Gesetzen erforderlich ist.

Alles, was der Islam an Glaubenslehren, Rechtsgeschäften, Sitten und Strafen gebracht hat, ist ein religiöses Gesetz des Erhabenen Gottes allein und nur dem religiösen Interesse der Menschen dienlich. Es ist dabei unerheblich, ob man dieses religiöse Interesse erkennt oder nicht, ob die Menschen daran ein ziviles Interesse haben oder nicht. Weder das himmlische Gesetz noch der Prophet berücksichtigen dies.

5)[364] Die Araber hatten damals unterschiedliche Ansichten über die Politik und andere zivile, gesellschaftliche und wirtschaftliche Lebensbereiche, selbst wenn die islamische Scharia sie wie bekannt zusammengeschlossen hat. Mit anderen Worten: Sie waren in Form von verschiedenen Staaten in einem Maße zerstreut,

---

[362] Arab. umma.
[363] Arab. šarāʼiʻ.
[364] Die Nummer 5) fehlt im arabischen Original.

so wie das Leben der Araber damals die Begriffe des Staates und der Regierung kannte.

Dies war die Lage der Araber, als der Prophet (Friede sei mit ihm) gestorben ist. Es handelt sich um eine allgemeine religiöse Einheit mit – bis auf wenige Aspekte – vollständig unterschiedlichen Staaten. Dies ist ohne Zweifel die Wahrheit.

Wir befürchten, dass diese Widersprüchlichkeit, die innerhalb der arabischen Völker zur Zeit des Propheten (Friede sei mit ihm) existierte, verborgen bleibt, dass man sich durch das von den Historikern entworfene harmonische Bild über diese Zeit täuschen lässt. Man muss erstens wissen, dass es in der Datierung viele Fehler gibt. Wie oft hat die Geschichtswissenschaft Fehler und Irrtümer verbreitet! Zweitens sind tatsächlich viele Spuren der Widersprüchlichkeit und der Disharmonie unter den Arabern durch die Verbindung ihrer Herzen im Islam in einer einzigen Religion und in gemeinsamen Systemen und Sitten verloren gegangen. Drittens kommt die vorher erwähnte Wirkung der religiösen Herrschaft des Propheten (Friede sei mit ihm) hinzu. Es ist dann kein Wunder, dass die Spuren für die Widersprüchlichkeit innerhalb der arabischen Völker verblasst sind, dass ihre Zeichen verschwunden sind oder an Stärke und Schärfe verloren haben: „Und gedenket der Gnade Allahs gegen euch, da ihr Feinde waret und er eure Herzen so zusammenschloss, dass ihr durch seine Gnade Brüder wurdet. Und da ihr am Rand einer Feuergrube wart und er euch ihr entriss.“[365] Die Araber sind dennoch zersplitterte Völker und unterschiedliche Staaten geworden. Dies war natürlich. Und was natürlich war, kann zwar an Stärke und Wirkung verlieren, aber auf keinen Fall total verschwinden.

„Kurz nach dem Tode des Propheten sind die Gründe dieser Widersprüchlichkeit innerhalb der arabischen Völker deutlich geworden. Jedes Volk hatte wieder das Gefühl, einen besonderen Charakter zu haben und von den anderen unabhängig zu sein. Die arabische Einheit, die zur Zeit des Gesandten (Segen und Frieden seien mit ihm) erreicht wurde, drohte fast zu zerfallen. Viele Araber sind vom Islam abgefallen, mit Ausnahme der Bewohner von Medina, Mekka und aṭ-Ṭā'if, wo es keine Apostasie gab.“[366]

6) Die Einheit der Araber war, wie man erfahren hat, eine islamische und keine politische Einheit. Die Herrschaft des Gesandten über die Araber war eine religiöse und keine zivile Herrschaft. Ihre Unterwerfung ihm gegenüber geschah aufgrund der Religion und des Glaubens, nicht aber wegen der Regierung und

[365] Sūrat Āl 'Imrān (Das Haus Imran; Koran 3:103); (Fn.-Rāziq).
[366] Abū al-Fidā', Bd. 1, S. 152 (Fn.-Rāziq).

der Macht. Sie sind mit ihm für Gott zusammengekommen, wobei sie Gedanken der Offenbarung, die Gaben des Himmels, die Gebote und Verbote Gottes empfangen haben. So wollte der Prophet „sie läutern und das Buch und die Weisheit lehren".[367]

Dies war eine Herrschaft für Muḥammad b. 'Abdullah b. 'Abd al-Muṭṭalib al-Hāšimī al-Qurašī[368], nicht aufgrund seiner Persönlichkeit oder seiner Abstammung, sondern weil er Gottes Gesandter ist. „Er spricht nicht aus eigenem Antrieb"[369], sondern verkündet, was er über den Erhabenen Gott durch Seine ehrwürdigen Engel erfahren hat. Stirbt er (Friede sei mit ihm), hat keiner nach ihm den Anspruch darauf, seine religiöse Stellung zu übernehmen, weil er (Friede sei mit ihm) das „Siegel der Propheten"[370] ist. Die Botschaft Gottes kann vom Gesandten weder geerbt noch als Gabe oder durch Vollmacht von ihm genommen werden.

7) Er (Gott segne ihn) ist gestorben, ohne jemanden als seinen Nachfolger zu ernennen oder auf einen hinzuweisen, der seine Stellung in der umma übernehmen soll. Er (Friede sei mit ihm) hat darüber hinaus zeit seines Lebens nicht auf einen so bezeichneten islamischen oder arabischen Staat hingewiesen.

Gott behüte! Er (Gott segne ihn und schenke ihm Heil) ist erst gestorben, nachdem er die Botschaft Gottes vollständig verkündet und der umma die Vorschriften der ganzen Religion klar und deutlich erklärt hat. Warum sollte er, wenn die Staatsgründung zu seinen Aufgaben gezählt hätte, dann die Frage des Staates für die Muslime verworren lassen, sodass sie nach ihm schnell in Verlegenheit geraten sind und sich gegenseitig bekämpft haben? Wieso ist er nicht darauf eingegangen, wer nach ihm den Staat übernehmen soll, obwohl dies das erste ist, womit sich die Gründer eines Staates früher und heute auseinandergesetzt haben? Wie kann er dabei die Muslime ohne Führer lassen und sie dieser düsteren Verlegenheit aussetzen, die sie erfasste und in deren Dunkel sie sich beinahe töteten, obwohl die Leiche des Propheten vor ihnen noch nicht einmal eingehüllt[371] und beerdigt war?

---

367 Sūrat Āl 'Imrān (Das Haus Imran; Koran 3:164). Im arabischen Original nicht mit einer Fußnote versehen.

368 Aus der Sippe der Haschimiten und dem Stamm der Qurais̆.

369 Sūrat an-nağm (Das Stern; Koran 53:3); (Fn.-Rāziq). Dieser Vers bezieht sich auf die Offenbarung und wurde von den Übers. selbst wiedergegeben.

370 Sūrat al-aḥzāb (Die Verbündeten; Koran 33:40); (Fn.-Rāziq).

371 Arab. tağhīz (wörtlich: Bereitstellung), d.h. die rituelle Waschung (arab. taġsīl) und die Einhüllung (arab. takfīn) der Leiche, damit die Beerdigung (dafn) erfolgen kann.

8) Man sollte wissen, dass sich die Schiiten darüber einig sind, dass der Gesandte Gottes (Gott segne ihn und schenke ihm Heil) ʻAlī (Gott möge mit ihm zufrieden sein) als seinen Nachfolger für die Muslime ernannt habe. Wir wollen uns bei der Diskussion um diese Meinung nicht aufhalten, da sie arm an wissenschaftlicher Begründung ist, sodass man sie nicht zu berücksichtigen braucht.

Ibn Ḫaldūn sagt: Die Texte, die „sie zitieren und nach ihrer religiösen Auffassung interpretieren, sind weder den führenden Gelehrten der Sunna noch den Überlieferern der Scharia bekannt. Die meisten davon sind entweder erfunden, in Bezug auf ihren Überlieferungsweg zweifelhaft oder in ihren falschen Auslegungen weit von der Wahrheit entfernt.“[372]

9) Der Imam Ibn Ḥazm aẓ-Ẓāhirī teilt die Meinung einer Gruppe, dass sich der Gesandte des Erhabenen Gottes ausdrücklich geäußert habe, dass Abū Bakr ihn nach seinem Tode in den Angelegenheiten der Menschen nachfolgen sollte. Deshalb herrschte unter den Einwanderern[373] und den Helfern[374] ein Konsens, Abū Bakr als Nachfolger (ḫalīfa) des Gesandten Gottes (Gott segne ihn und schenke ihm Heil) zu ernennen. Das Wort ḫalīfa (Kalif) meint im allgemeinen Sprachgebrauch denjenigen, der als Nachfolger ernannt wird, nicht aber denjenigen, der jemandem nachfolgt, ohne von ihm als Nachfolger ernannt zu werden. Eine andere sprachliche Deutung ist nicht zulässig.[375] Ibn Ḥazm hat sich mit dieser Frage ausführlich auseinandergesetzt.

Diese Meinung zu teilen, bedeutet eine Willkür, wofür es keinen wirklichen Grund gibt. Wir haben die uns zur Verfügung stehenden sprachwissenschaftlichen Bücher überprüft, ohne darin etwas zu finden, was die Aussagen von Ibn Ḥazm bestätigen kann. Dagegen haben wir einen Konsens unter den Überlieferern gefunden, dass sich die Prophetengefährten über die Huldigung gegenüber Abū Bakr uneinig waren, dass sich viele von ihnen dieser Huldigung sogar enthalten haben. Ferner sagte ʻUmar b. al-Ḫaṭṭāb (Gott möge mit ihm zufrieden sein), indem er um Entschuldigung für seine Äußerungen[376] nach dem Tode des

---

372 Muqaddimat Ibn Ḫaldūn, S. 176 (Fn.-Rāziq). Der Ausdruck ta'wīl wird pejorativ verwendet.

373 Arab. al-muhāǧirūn, d.h. die muslimischen Mekkaner, die von Mekka nach Medina gezogen sind.

374 Arab. al-anṣār (wörtlich: die Unterstützer bzw. die Helfer), d.h. die muslimischen Einheimischen in Medina, die den Propheten unterstützt haben.

375 Vgl. Al-fuṣūl fī al-milal wa-l-ahwā' wa-n-niḥal (Die Unterscheidung zwischen Religionen, auf Gutdünken beruhenden Meinungen und Sekten), Bd. 4, S. 107 (Fn.-Rāziq). Im Literaturverzeichnis heißt es dagegen korrekt al-faṣl statt al-fuṣūl.

376 Als der Gesandte Gottes (Gott segne ihn und schenke ihm Heil) gestorben war, erhob sich ʻUmar b. al-Ḫaṭṭāb und sagte: „Einige unter den Heuchlern behaupten, dass der Gesandte Gottes gestorben sei. Bei Gott! Der Gesandte Gottes ist nicht gestorben, sondern er ist zu

Gesandten (Gott segne ihn und schenke ihm Heil) bat: „O ihr Leute! Ich habe euch gestern etwas nur aufgrund meiner eigenen Meinung gesagt. Ich habe diese Aussage nicht im Buch Gottes gefunden. Sie ist auch kein Auftrag, den mir der Gesandte Gottes (Gott segne ihn und schenke ihm Heil) anvertraut hat. Ich dachte jedoch, dass der Gesandte Gottes unsere Angelegenheiten regeln würde, bis der letzte Mensch verstorben sein wird. Aber Gott hat euch sein Buch hinterlassen, womit er den Gesandten Gottes rechtgeleitet hat. Wenn ihr daran festhaltet, wird euch Gott ebenso rechtleiten. Gott hat euch in Bezug auf euren Besten geeint, und zwar den Gefährten des Propheten, der mit dem Propheten zusammen in der Höhle war.[377] So steht auf und huldigt ihm!“[378]

Wir haben diese und weitere Aussagen gefunden. Folglich vertreten wir die Ansicht, dass die Meinung, dass der Prophet (Gott segne ihn und schenke ihm Heil) die Angelegenheit des Kalifats nach ihm bestimmt hat, nicht wohlbegründet ist. Klar ist aber, dass er (Gott segne ihn und schenke ihm Heil) weder auf die Angelegenheit der Regierung nach ihm eingegangen ist noch den Muslimen in dieser Hinsicht ein Gesetz gebracht hat, worauf sie sich beziehen können.

Er (Friede sei mit ihm) ist erst gestorben, nachdem sich die Religion vollendet, die Gnade vervollständigt und die Mission des Islam in der realen Welt verwurzelt haben. Erst dann ist er (Segen und Friede seien mit ihm) gestorben, ist seine Botschaft beendet worden. Damit ist die besondere Verbindung zwischen Himmel und Erde, die sich in seiner edlen Person (Friede sei mit ihm) verkörpert, unterbrochen.

Zweites Kapitel: Der arabische Staat

1) Die Führung durch den Propheten (Friede sei mit ihm) war, wie schon erwähnt, eine religiöse Führung, die daraus hervorging, dass er der Gesandte Gottes war. Diese Mission endete mit seinem Tode (Gott segne ihn und schenke ihm Heil). Damit endete auch die Führerschaft. Niemand hat Anspruch darauf, dem Propheten in seiner Führerschaft und in seiner Gottesgesandtschaft nachzufol-

---

seinem Herrn gegangen, wie es bei Mūsā b. ʿImrān (Moses) der Fall gewesen war, als er von seinem Volk vierzig Nächte lang entfernt war und danach zurückgekommen ist, nachdem man von seinem Tod gesprochen hat. Bei Gott! Der Gesandte Gottes wird zurückkommen und einigen Männern die Hände und die Beine abschneiden, die behaupteten, dass der Gesandte Gottes gestorben sei.“ Vgl. Tārīḫ aṭ-Ṭabarī (Das Geschichtsbuch von aṭ-Ṭabarī), Bd. 3, S. 197 (Fn.-Rāziq).

[377] Eine Anspielung auf Koran 9:40. Abū Bakr begleitete den Propheten auf der Reise von Mekka nach Medina und war zusammen mit ihm in der Höhle, wo sie sich vor den ungläubigen Mekkanern versteckt hielten. Aus diesem Grunde trägt er den Beinamen ṣāḥib rasūl Allah (Gefährte des Gesandten Gottes).

[378] Vgl. Tārīḫ aṭ-Ṭabarī (Das Geschichtsbuch von aṭ-Ṭabarī), Bd. 3, S. 203 (Fn.-Rāziq).

gen. Selbst wenn eine Führerschaft unter den Anhängern des Propheten (Friede sei mit ihm) nach seinem Tode unabdingbar war, war diese jedoch eine neue Führerschaft und nicht die gleiche, wie wir sie beim Gesandten Gottes (Gott segne ihn und schenke ihm Heil) erlebt haben.

Es ist natürlich, plausibel und geradezu selbstverständlich, dass es nach dem Propheten keine religiöse Führerschaft geben kann. Denkbar ist danach jedoch eine neue Art der Führerschaft, die weder mit der Gottesgesandtschaft in Verbindung steht noch auf der Religion beruht. Sie ist also eine nichtreligiöse Art der Führerschaft. Wenn die Führerschaft aber nichtreligiös ist, dann ist sie nicht mehr und nicht weniger als eine zivile oder politische Führerschaft, nämlich die der Regierung und des Herrschers, nicht jedoch die der Religion. So ist es gewesen.

2) Die islamische Verkündung hat die Bedeutung der arabischen Völker in vieler Hinsicht erhöht. Kaum hatte der Verkünder sie zur Annahme des Islam aufgefordert, sind sie eine einheitliche umma, die beste ihrer Zeit, geworden. Sie haben sich auch wie alle anderen Völker der Welt darauf vorbereitet, Herrscher und Eroberer zu werden.

Es geht um eine reine Religion, die von der Unreinheit der Götzendienerei frei ist, um einen Glauben, der tief in der Seele verwurzelt ist, um eine Moral, die der Gesandte Gottes verfeinerte, um Intelligenz, die die gesunde Natur beförderte, um Fleiß, den die Natur den Muslimen verlieh, um eine Einheit in Gott, die die Muslime einander näher brachte, ihre Unterschiede beseitigte und sie in der Religion Gottes zu Brüdern[379] machte. So war die Lage der Araber, als der Gesandte Gottes (Segen und Friede seien mit ihm) verstarb.

Ein tatkräftiges Volk wie die Araber damals, als sich die Herrschaft des Prophetentums aufgelöst hatte, gibt sich nicht damit zufrieden, unter die unwissenden Nationen, barbarischen Völkern, verfeindeten Stämmen und unterdrückten Einheiten zurückzufallen.

Wenn Gott einer umma den Weg für die Macht und die Überwältigung ebnet, sollte diese selbst mächtig und überwältigend sein und real existieren. Demnach sollte der Staat der Araber entstehen, wie andere Staaten davor und danach entstanden sind.

3) Es blieb den Arabern nicht verborgen, dass der Erhabene Gott ihnen die Wege für die Macht bzw. deren erste Stufen geebnet hat. Sie haben dies viel-

[379] Eine Anspielung auf Koran 3:103.

leicht schon gefühlt, bevor der Gesandte Gottes (Gott segne ihn und schenke ihm Heil) sie verlassen hat. Allerdings haben sie erst angefangen, sich über die Frage dieses politischen Staates zu beraten, als der Gesandte Gottes (Gott segne ihn und schenke ihm Heil) verstarb. Sie hatten keine Alternative, als den Staat auf der Basis ihrer religiösen Einheit, die ihnen der Prophet (Friede sei mit ihm) hinterlassen hatte, zu bauen. „Es gab kein Prophetentum, an dessen Stelle nicht tyrannischen Könige[380] getreten sind.“

Damals berieten sich die Muslime über ein zu gründendes Königreich, einen zu errichtenden Staat und eine zu bildende Regierung. Aus diesem Grunde sprachen sie von Emirat und Emiren, Ministerium und Ministern und erwähnten die Macht und das Schwert, den Reichtum und die Schätze, die Zahl der Stammesmitglieder und die Unangreifbarkeit, die Stärke und die Rettung. Das alles war nichts anderes als das Erörtern des Königtums und die Gründung des Staates. Dies hatte die Konkurrenz zwischen den eingewanderten Mekkanern, den medinensischen Helfern und den bedeutenden Prophetengefährten zur Folge, bis schließlich Abū Bakr gehuldigt wurde. Somit war er der erste König im Islam.

Betrachtet man, wie die Huldigung von Abū Bakr erfolgte und wie er die Dinge unter seiner Macht hatte, erkennt man, dass es sich um eine politische, königliche Huldigung handelte, die alle Eigenschaften des modernen Staates aufwies. Die Huldigung ist auf der Basis der Stärke und des Schwertes entstanden, wie es bei den Regierungen der Fall ist.

Es war ein neuer Staat, den die Araber gegründet hatten. Es geht demzufolge um einen arabischen Staat und um einen arabischen Herrscher. Der Islam, wie man erfahren hat, ist jedoch die Religion der ganzen Menschheit. Sie ist weder arabisch noch nichtarabisch. Es ging um einen arabischen Staat, der auf der Basis einer religiösen Verkündung entstanden ist. Sein Motto war, diese Verkündung zu unterstützen und sich dafür einzusetzen. Tatsächlich hatte dieser Staat einen großen Einfluss auf die Angelegenheiten dieser Verkündung gehabt. Ferner hatte dieser Staat unleugbar an der Wandlung und Entwicklung des Islam mitgewirkt. Er ist dennoch nichts anderes als ein arabischer Staat, der die Herrschaft der Araber unterstützte, ihre Interessen förderte und ihnen die Macht auf Erden gab.[381] Folglich haben sie die Länder erobert und ihre Schätze ausgebeutet, genauso wie es bei den mächtigen Nationen der Fall ist, wenn diese erobern und kolonisieren können.

---

[380] D.h. die Könige wurden danach zu Tyrannen. Vgl. Asās al-balāġa (Die Grundlage der Rhetorik); (Fn.-Rāziq).

[381] Eine Anspielung auf Koran 22:41.

4) Dieser Tatsache waren sich die Muslime bewusst, als sie sich in as-Saqīfa[382] darüber berieten, wen sie als Herrscher ernennen sollen. Als die medinensischen Helfer den eingewanderten Mekkanern sagten: „Ein Emir von uns und einer von euch", als Abū Bakr ihnen erwiderte: „Von uns die Emire und von euch die Minister"[383], als Abū Sufyān[384] rief: „Bei Gott! Ich höre ein Geschrei, welchem nur mit Blut zu begegnen ist. O Leute von ʿAbd Manāf![385] Was hat Abū Bakr mit euren Angelegenheiten zu tun? Wo sind die zwei Unterdrückten? Wo sind die zwei Gedemütigten, und zwar ʿAlī und al-ʿAbbās?"[386] Und er sagte weiter: „O Vater von al-Ḥasan![387] Strecke mir deine Hand entgegen, damit ich dir huldige!" ʿAlī lehnte jedoch ab. Dann zitierte Abū Sufyān Dichtung von al-Mutalammis:[388]

Keiner kann das ihm geplante Unrecht aushalten
Außer den zwei Gedemütigten, dem Hausesel und dem Pflock.
Der erste ist hungrig gefesselt
Und der zweite wird gespaltet, ohne dass jemand ihn bedauert.[389]

Saʿd b. ʿUbāda[390] (Gott möge mit ihm zufrieden sein) lehnte damals ab, Abū Bakr zu huldigen und sagte: „Bei Gott! (Bevor ich huldige) würde ich euch mit allen Pfeilen meines Köchers bewerfen, meine Speerspitze färben[391], euch mit meinem Schwert nach besten Kräften schlagen und gegen euch mit all meinen Familienmitgliedern und Stammesgenossen, die mir gehorchen, kämpfen. Ich schwöre bei Gott, nicht zu huldigen. Wenn die Dschinn[392] und die Menschen mit euch wären[393], würde ich nie huldigen, bis ich vor meinen Gott geführt und zur Rechenschaft gezogen werde." Ab diesem Moment betete Saʿd nicht mehr mit

---

[382] Es handelt sich um das als saqīfat banī sāʿida bekannte Gebäude, wo sich die Muslime nach dem Tod des Propheten über die Herrschaftsfrage berieten und nach einer heftigen Diskussion Abū Bakr gehuldigt haben.

[383] Vgl. Tārīḫ aṭ-Ṭabarī (Das Geschichtsbuch von aṭ-Ṭabarī), Bd. 3, S. 197 (Fn.-Rāziq).

[384] Abū Sufyān b. Ḥarb (gest. 652), der Vater von Muʿāwiya (gest. 680), dem Herrscher der Umayyaden.

[385] Eine führende Sippe im Stamm der Quraiš.

[386] Es geht um ʿAlī b. Abī Ṭālib (gest. 661), den vierten Kalifen und Cousin des Propheten, und al-ʿAbbās b. ʿAbd al-Muṭṭalib (gest. 653), den Onkel des Propheten.

[387] Gemeint ist ʿAlī b. Abī Ṭālib.

[388] Al-Mutalammis aḍ-Ḍabʿī (gest. 580) ist ein vorislamischer Dichter, dessen Dīwān Karl Vollers (gest. 1909) ins Deutsche übersetzt hat.

[389] Vgl. Tārīḫ aṭ-Ṭabarī (Das Geschichtsbuch von aṭ-Ṭabarī), Bd. 3, S. 203 f. (Fn.-Rāziq).

[390] Saʿd b. ʿUbāda (gest. um 635) ist einer der bedeutenden Prophetengefährten bzw. einer der Vertreter der Medinenser, die mit dem Propheten in ʿAqaba einen Vertrag zum Schutz des Propheten abgeschlossen haben.

[391] Gemeint ist, seine Speerspitze mit dem Blut seiner Gegner zu färben.

[392] Dämonen, die positiven oder negativen Einfluss auf den Menschen ausüben können.

[393] Eine Anspielung auf Koran 17:88.

ihnen, auch nicht am Freitag. Als er die Wallfahrt absolvierte, kehrte er von ʿArafāt nicht mit ihnen zurück.[394] Saʿd hielt daran fest, bis Abū Bakr starb.[395]

Die Muslime waren sich damals bewusst, dass man eine zivile, weltliche Regierung gründete. Aus diesem Grunde betrachteten sie es als religiös erlaubt, gegen diese Regierung aufzustehen und zu opponieren. Dabei wussten sie, dass sie sich in einer weltlichen und keiner religiösen Frage uneinig sind, dass sie sich um eine politische Angelegenheit, die weder ihre Religion berührt noch ihren Glauben erschüttert, streiten.

Niemals hat Abū Bakr oder eine andere bedeutenden Persönlichkeit behauptet, dass die Herrschaft über die Muslime eine religiöse Stellung oder dass der Aufstand dagegen ein Aufstand gegen die Religion sei. Hingegen sagte er: „O Leute! Ich bin wie ihr, und ich weiß es nicht. Vielleicht beauftragt ihr mich damit, was der Gesandte Gottes (Gott segne ihn und schenke ihm Heil) zu leisten vermochte. Gott hat Muḥammad aus allen Menschen auserwählt und ihn unfehlbar gemacht. Ich bin nur einer, der nachahmt und kein Häretiker.“[396]

Es gab damals jedoch mehrere Gründe, Abū Bakr einen religiösen Charakter zuzuschreiben und die Leute glauben zu machen, dass er eine religiöse Stellung habe, wobei er den Gesandten Gottes (Gott segne ihn und schenke ihm Heil) vertrete. Ferner gab es auch die Meinung, dass die Herrschaft über die Muslime eine religiöse Angelegenheit oder eine Vertretung des Gesandten Gottes (Gott segne ihn und schenke ihm Heil) sei. Einer der wichtigsten Gründe für diese Meinung unter den Muslimen war der Titel von Abū Bakr als Nachfolger des Gesandten Gottes.

Drittes Kapitel: Das islamische Kalifat

1) Wir können nicht mit letzter Sicherheit wissen, wer den Titel Nachfolger des Gesandten Gottes für Abū Bakr (Gott möge mit ihm zufrieden sein) erfunden hat. Wir wissen aber, dass Abū Bakr ihn erlaubt und angenommen hat.

Ferner haben wir herausgefunden, dass er in seinen Schreiben an die vom Islam abgefallenen arabischen Stämme begonnen hat, diesen Titel zu benutzen. Diese

[394] Arab. afaḍa (eilig fortgehen; ausführlich reden). Es geht um die in eiligem Schritt stattfindende Rückkehr vom Berg ʿArafāt als eine Zeremonie der Wallfahrt. Vgl. Koran 2:198-199.

[395] Vgl. Tārīḫ aṭ-Ṭabarī (Das Geschichtsbuch von aṭ-Ṭabarī), Bd. 3, S. 210 (Fn.-Rāziq).

[396] Vgl. Tārīḫ aṭ-Ṭabarī (Das Geschichtsbuch von aṭ-Ṭabarī), Bd. 3, S. 211 (Fn.-Rāziq).

Schreiben hat er den Militärbefehlshabern anvertraut. Sie gelten möglicherweise als die ersten uns überlieferten Schriften mit diesem Titel.[397]

2) Es besteht kein Zweifel, dass der Gesandte Gottes (Gott segne ihn und schenke ihm Heil) ein Herrscher über die Araber und der Mittelpunkt ihrer Einheit war, wie wir oben erklärt haben. Da Abū Bakr nach ihm als König der Araber auftrat und ihre Einheit nach besten Kräften politisch bewahrte, war es demnach zulässig, ihn in der Sprache der Araber als Nachfolger des Gesandten Gottes zu benennen. Es ist auch erlaubt, ihn als Kalifen im Allgemeinen in der zuvor erfahrenen Bedeutung des Kalifats zu bezeichnen. So war Abū Bakr in diesem Sinne der Nachfolger des Gesandten Gottes. Seine Nachfolgerschaft hat keine andere Bedeutung.

3) Dieser Titel verleiht Pracht und Stärke und ist voller Anziehungskraft. Demnach ist es kein Wunder, dass aṣ-Ṣiddīq[398] sich für diesen Titel entschieden hat, insbesondere weil er einen neuen Staat gründete, dessen Peripherie er in den Stürmen der Bürgerkriege und in den aufbrausenden Strömen widersprüchlicher Neigungen zusammenhalten wollte. Er befand sich unter Leuten, die von der Ǧāhilīya[399] nicht weit entfernt waren, viele Überreste des Stammesgefühls noch in sich trugen und ausgesprochen beduinisch bzw. unzugänglich geprägt waren. Sie waren vom Gesandten Gottes (Gott segne ihn und schenke ihm Heil), von der Unterwerfung und dem totalen Gehorsam gegenüber dem Gesandten Gottes und seinem Wort noch nicht lange getrennt worden. So war dieser Titel angemessen, um ihren Trotz zu bändigen und sie in Bezug auf ihre schwierige Leitung fügsam zu machen. Vielleicht hat er dies so getan.

Einige der Araber waren der Auffassung, dass die Nachfolgerschaft von Abū Bakr für den Gesandten Gottes (Gott segne ihn und schenke ihm Heil) eine echte Nachfolgerschaft im vollen Sinne des Wortes sei. Aus diesem Grunde sprachen sie davon, dass Abū Bakr der Nachfolger von Muḥammad sei. Muḥammad war doch der Nachfolger Gottes. So fingen sie an, Abū Bakr als Nachfolger Gottes zu bezeichnen. Sie wären dabei keinem Irrtum unterlegen gewesen, wenn die Nachfolgerschaft von aṣ-Ṣiddīq für den Propheten (Friede sei mit ihm) bedeutet hätte, was sie darunter verstanden haben und was viele andere bis jetzt darunter verstehen. Dieser Titel ärgerte jedoch Abū Bakr. Er sagte:

---

397 Vgl. Tārīḫ aṭ-Ṭabarī (Das Geschichtsbuch von aṭ-Ṭabarī), Bd. 3, S. 226 f. (Fn.-Rāziq).

398 Aṣ-Ṣiddīq ist der Beiname des ersten Kalifen Abū Bakr und stellt im Arabischen eine attributive Intensitätsform des Verbes ṣaddaqa (für wahr halten; glauben) dar. Abū Bakr trug diesen Titel, weil er auf die mit Erstaunen gestellte Frage der Ungläubigen ohne Verzögerung geantwortet hatte, dass er die Nacht- und Himmelsreise des Propheten für wahr hielt. Laut Koran trägt auch der Prophet Yūsuf (Josef) diesen Titel. Vgl. Koran 12:46.

399 Vgl. Fn. 110.

„Ich bin nicht der Nachfolger Gottes, sondern der Nachfolger des Gesandten Gottes.“[400]

4) Dieser Titel hatte eine Gruppe Araber und Muslime veranlasst, sich durch die Herrschaft Abū Bakrs religiös leiten zu lassen, so wie sie sich vom Gesandten Gottes (Gott segne ihn und schenke ihm Heil) leiten ließen. Sie wollten seine königliche Stellung mit allen Mitteln bewahren, weil sie alles bewahren wollten, was mit ihrer Religion zu tun hat. Aus diesen Gründen war der Aufstand gegen Abū Bakr ihrer Ansicht nach ein Aufstand gegen die Religion und ein Abfall vom Islam.

Wir neigen dazu, dies als Grund für die Auffassung zu betrachten, dass diejenigen, die Abū Bakr nicht gehorchten, Apostaten waren. Das war auch der Grund dafür, warum man die von Abū Bakr geführten Kriege die Apostasie-Kriege[401] nannte.

5) Vielleicht waren sie in der Tat nicht alle Apostaten, die nicht mehr an Gott und seinen Gesandten glaubten. Unter ihnen waren einige, die Muslime blieben, aber aus irgendwelchen Gründen ablehnten, sich der Einheit von Abū Bakr anzuschließen, ohne sich selbst oder ihre Religion in Frage zu stellen. Diese waren ohne Zweifel keine Apostaten. Der Krieg gegen sie hätte nicht im Namen der Religion geführt werden dürfen. Hätte man sie bekämpfen müssen, dann nur um der Politik, der Verteidigung der Einheit der Araber und dem Schutz ihres Staates wegen.

Wir haben festgestellt, dass einige Leute wie ʿAlī b. Abī Ṭālib und Saʿd b. ʿUbāda, die die Huldigung für Abū Bakr ablehnten, nachdem die Muslime ihm gehuldigt hatten, weder wie Apostaten behandelt wurden noch dies über sie geäußert worden ist.

6) Wahrscheinlich wollten einige derjenigen, gegen die Abū Bakr Krieg geführt hat, weil sie die Zahlung der Almosensteuer an ihn ablehnten, damit nicht die Religion oder den Glauben ablehnen, sondern nur die Unterwerfung unter die Regierung von Abū Bakr verweigern, wie dies auch viele andere Muslime taten. Demnach war es selbstverständlich, dass sie ihm die Almosensteuer verweigerten, weil sie ihn nicht anerkannten und sich seiner Macht und Regierung nicht unterwarfen.
Wie dunkel und ungerecht empfindet man die Geschichte, wenn man gründlich nachforscht, was sie über diejenigen erzählt, die gegen Abū Bakr aufgestanden

400 Muqaddimat Ibn Ḫaldūn, S. 181 (Fn.-Rāziq).
401 Arab. ḥurūb ar-ridda.

sind und deswegen als Apostaten bezeichnet wurden. Dies ist auch der Fall bei den Kriegen, die man Apostasie-Kriege nennt.

Allerdings geht auch ein Lichtblick der Wahrheit von den Finsternissen der Geschichte aus. Eines Tages werden sich die Gelehrten an dieses Licht[402] in der Hoffnung wenden, dass sie dadurch den rechten Weg finden.

Zu erwähnen ist hier der Dialog zwischen Ḫālid b. al-Walīd und Mālik b. Nuwaira, einem derjenigen, die als Apostaten bezeichnet wurden. Dieser wurde auf Befehl von Ḫālid getötet und sein Kopf als Stein einer Feuerstelle für einen Topf[403] benutzt.

Mālik erklärte gegenüber Ḫālid klar und deutlich, dass er noch Muslim sei. Er wolle aber die Almosensteuer nicht an den Freund von Ḫālid (Abū Bakr) bezahlen. Dies war also ein nicht-religiöser Streit, ein Streit zwischen Mālik, der Muslim ist und an seiner Religion festhält, aber zum Stamm Tamīm gehört, und Abū Bakr vom Stamm der Quraiš, der einen arabischen Staat gründet, dessen Imame[404] von den Quraiš sein sollten. Es war ein Streit über die Königlichkeit eines Königs, weder über die Grundlagen der Religion noch über die Prinzipien des Glaubens.

Mālik ist nicht der einzige, der bezeugt, selber Muslim zu sein. Auch ʻUmar b. al-Ḫaṭṭāb bezeugt dies für ihn, indem er zu Abū Bakr sagt: „Ḫalid hat einen Muslim getötet, so töte ihn!“ Abū Bakr selbst bezeugt, das Mālik Muslim sei, indem er erwidert: „Ich würde ihn nicht töten, denn er hat nur interpretiert, allerdings in falscher Weise.“[405]

---

402 Im Original werden hier die Wörter qabas (Glut) und nār (Feuer) benutzt. Diese gelten als Mittel zur Beleuchtung. Damit deutet der Autor auf eine koranische Geschichte von Moses und seiner Frau, in der dieser ein Feuer sah und seiner Frau sagte, er gehe zum Feuer, um entweder Glut zum Wärmen zu holen oder durch das Feuerlicht den richtigen Weg zu finden. Vgl. Koran 20:10.

403 Der Topf wird, wenn man unter ihm Feuer zum Kochen entzündet, auf zwei sich gegenüberliegende Steine gestellt. Dahinter ist ein dritter Stein. Findet man keinen dritten Stein, lehnt man den Topf an den Berg. Uṯufīya oder iṯufīya (Pl. aṯāfī und aṯāf) ist der Stein, worauf der Topf gestellt wird. (Der Spruch) ramāhu Allah bi-ṯāliṯat al-aṯāfī (Gott möge ihn mit dem dritten uṯufīya bewerfen!) bedeutet, er solle mit dem Berg beworfen werden (Fn.-Rāziq).

404 Es wird hier ein sehr umstrittener ḥadīṯ angedeutet, und zwar „al-a'immatu min al-Quraiš“ (Die Imame sollen von Quraiš sein, vgl. Musnad Aḥmad Nr. 11859, 12433 und 18941). Die Bedeutung des Wortes „Imame“ wurde nur auf die Herrscher mit Ausschluss der Vorbeter reduziert. Somit hätten nur die Quraiš Anspruch auf die Macht.

405 Vgl. diesen ḥadīṯ im 1. Bd. von Tārīḫ Abī al-Fidā' (Das Geschichtsbuch von Abū al-Fidā'), S. 157 f. (Fn.-Rāziq).

Ein anderes Beispiel ist die Aussage eines muslimischen Dichters[406]:

Wir gehorchten dem Gesandten Gottes, als er unter uns war.
O Diener Gottes! Was ist mit Abū Bakr?
Hinterlässt er uns Bakr als sein Erbe?
Das wäre bei Gott ein tödlicher Schlag.

In dieser Dichtung erkennt man einen revolutionären Menschen gegen Abū Bakr, einen Leugner seiner Herrschaft, einen Ablehnenden seines Gehorsams, einen Gegner seiner Huldigung, der aber gleichzeitig an den Gesandten Gottes (Gott segne ihn und schenke ihm Heil) glaubt und nichts im Islam ablehnt.

Liest man nicht darüber hinaus in der Geschichte, dass ʿUmar b. al-Ḫaṭṭāb (Gott möge mit ihm zufrieden sein) den Kampf von Abū Bakr gegen die Apostaten ablehnte und gesagt hat: „Wieso kämpfst du gegen die Leute, obwohl der Gesandte Gottes (Gott segne ihn und schenke ihm Heil) gesagt hat: Mir ist befohlen worden, gegen die Menschen zu kämpfen, bis sie sagen, es gibt keinen Gott außer Allah. Wer dies sagt, macht sein Blut und Vermögen für mich unantastbar, sollte dafür kein anderer Grund vorliegen. Gott zieht ihn später zur Rechenschaft."[407]

Dies ist ein kleiner Teil der verbliebenen wahren Informationen, deren Aufspüren die Geschichte beinahe ausgelöscht hätte, und des fast vergessenen Rechts. Man möge nur suchen, denn es gibt noch mehr davon.

7) Wir zögern keinen einzigen Moment zu entscheiden, dass vieles, was man Apostasie-Kriege in der ersten Phase von Abū Bakrs Kalifat bezeichnete, auf keinen Fall ein religiöser Krieg, sondern ein rein politischer Krieg war, von dem die Laien dachten, er sei einer für die Religion. Doch er war nicht gänzlich für die Religion.

Es gehört hier nicht zu unseren Aufgaben, die wahren Gründe zu erklären, die tatsächlich der Anlass für viele Apostasie-Kriege waren. Ferner würden wir nicht behaupten, die Fähigkeit für eine solche Untersuchung zu besitzen, wenn wir es denn versuchen sollten. Allerdings denken wir, dass man zu einigen wichtigen hauptsächlichen Gründen kommen kann, wenn man die Abstammung und die Stämme der arabischen Revolutionäre gegen Abū Bakr sorgfältig prüft und ihre Verbindung zu den Quraiš, den Urvätern des Herrscherhauses, erkennt, wenn man sich über die natürlichen Gesetze des Erhabenen Gottes in den neu

---

[406] Al-Ḫuṭail b. Aus, der Bruder von al-Ḥaṣīn b. Aus. Tārīḫ aṭ-Ṭabarī (Das Geschichtsbuch von aṭ-Ṭabarī), Bd. 3. S. 223 (Fn.-Rāziq).
[407] Al-Buḫārī, Bd. 2, S. 105 (Fn.-Rāziq).

gegründeten Staaten und über die Stammesgefühle, durch die die Macht erobert wurde, kundig macht, Einblick in die Sitten und Eigenschaften der Araber hat und Gott dafür Erfolg verleiht.

8) Wir neigen zu der Ansicht, dass eine Gruppe von Muslimen bereits nach der Zeit des Gesandten Gottes (Gott segne ihn und schenke ihm Heil) vom Islam abgefallen ist. Dies ist eine Sache, die eigentlich die Gesetze der Natur und die uns bekannten Regeln vorherbestimmen. Noch leichter ist es zu glauben, dass sich einige Lügner sowohl zur Zeit von Muḥammad (Gott segne ihn und schenke ihm Heil) als auch nach seinem Tode für Propheten ausgegeben haben. Dabei kann man beobachten, dass die Behauptung, Prophet zu sein, den Kopf eines Demagogen erfasst, wenn er auf Laien Anziehungskraft ausübt und Freunde und Liebende verführt. Für die Laien gib es nichts Einfacheres, als an das Prophetentum eines solchen Demagogen zu glauben, wenn dieser weiß, wie er sie durch Manipulation verführt und im Irrtum bestärkt.[408] Aus diesen Gründen neigen wir dazu, dass es zu Beginn des Kalifats von Abū Bakr bereits eine Gruppe gab, die nach dem Tode des Propheten (Friede sei mit ihm) vom Islam abgefallen ist. Ferner hat es auch unter den arabischen Stämmen Personen gegeben, die sich als Propheten ausgegeben haben.

Es gehörte zu den ersten Handlungen Abū Bakrs, dass er die Aufgabe auf sich nahm, gegen diese echten Apostaten sowie gegen die Lügner, die sich für Propheten ausgaben, Krieg zu führen, bis er sie besiegt und ihr Unrecht vernichtet hatte.

Wir wollen nicht untersuchen, ob Abū Bakr eine bloße religiöse Funktion hatte, die ihn für die Angelegenheiten der Apostaten verantwortlich gemacht hätte. Weiterhin wollen wir auch nicht untersuchen, ob es nicht-religiöse Gründe gab, die Abū Bakr zu diesem Krieg angetrieben haben.

Auf jeden Fall besteht kein Zweifel, dass Abū Bakr seine Tätigkeit in dem neuen Staat mit dem Krieg gegen jene Apostaten begonnen hat. Dabei ist die Bezeichnung Apostat[409] entstanden. Sie ist zunächst tatsächlich als eine Bezeichnung für wirkliche Apostaten entstanden und wurde später auf alle Araber angewendet, gegen die Abū Bakr Krieg führte, egal ob sie religiöse Gegner und wirkliche Apostaten oder politische Gegner waren, die nicht vom Islam abgefallen sind. Deshalb haben die Kriege Abū Bakrs im Allgemeinen eine religiöse Prägung erhalten und sind unter dem Namen und im Zeichen des Islam geführt worden.

---

[408] Eine Anspielung auf Koran 7:202.
[409] Arab. murtadd.

Folglich war der Anschluss an Abū Bakr ein Beitritt unter dem Banner des Islam, der Aufstand gegen ihn Apostasie und Sündhaftigkeit.

9) Es gab möglicherweise andere Zusammenhänge in Bezug auf die Person Abū Bakrs, die zum Fehler der Laien beigetragen und die es ihnen erleichtert haben, der Herrschaft von Abū Bakr einen religiösen Charakter zuzuschreiben. Denn aṣ-Ṣiddīq genoss beim Gesandten Gottes (Gott segne ihn und schenke ihm Heil) eine ausgesprochen spezifische und hohe Stellung sowie einen ausgezeichneten Ruf in der religiösen Verkündung. Eine solche Stellung genoss er auch unter den Muslimen.

Darüber hinaus ahmte aṣ-Siddīq den Gesandten nach und folgte ihm in seinem Inneren sowie bei der Wahrnehmung seiner allgemeinen Angelegenheiten genau. Dies gilt ohne Zweifel für seine Haltung in Bezug auf die politische Führung des Staates. Er führte diesen Staat nach besten Kräften auf religiöse Art und Weise und nahm dabei – sofern es möglich war – den Weg des Gesandten Gottes als Vorbild. Ausgehend davon ist es kein Wunder, dass Abū Bakr seiner Stellung im neuen Staat, dessen erster König er war, alle möglichen religiösen Eigenschaften übertrug.

10) Aus dem Dargelegten geht hervor, dass der Titel (Nachfolger des Gesandten Gottes) mit all seinen Aspekten, wobei wir nur auf einige und nicht auf alle hingewiesen haben, einer der Gründe für den Fehler war, der sich bei den Laien eingeschlichen hat, sodass sie glaubten, dass das Kalifat eine religiöse Stellung sei, dass der Herrscher über die Muslime die Stellung des Gesandten Gottes (Gott segne ihn und schenke ihm Heil) übernehmen könnte.

In gleicher Weise hat sich die Meinung unter den Muslimen seit der Frühzeit des Islam verbreitet, dass das Kalifat ein religiöses Amt und eine Vertretung des Inhabers der Scharia (Friede sei mit ihm)[410] sei.

11) Es lag im Interesse der Herrscher, diesen Fehler unter den Menschen verbreiten zu lassen, um die Religion als Schutzschild für ihren Thron und gegen die Aufständischen zu nutzen. Die Herrscher sind noch immer in unterschiedlicher Weise damit beschäftigt, sodass die Menschen verstanden haben, dass der Gehorsam gegenüber den Herrschenden Gehorsam gegenüber Gott und der Ungehorsam ihnen gegenüber Ungehorsam gegenüber Gott bedeutet. Wenn sich die Forscher damit beschäftigen würden, könnten sie noch mehr solche Wege erkennen! Die Kalifen haben sich jedoch damit nicht begnügt und zufrieden gestellt, womit Abū Bakr zufrieden war. Es war ihnen auch nicht ausrei-

[410] Gemeint ist der Prophet.

chend, darüber ärgerlich zu sein, worüber Abū Bakr sich geärgert hatte. Vielmehr haben sie aus dem Sultan einen Nachfolger Gottes auf Erden sowie seinen über seine Diener ausgebreiteten Schatten[411] gemacht. Preis sei Allah! Erhaben ist Er über das, was sie neben ihm verehren.[412]

Demnach wurde das Kalifat den religiösen Bereichen zugeordnet. Es ist ein Teil der Theologie[413] geworden, den der Muslim zusammen mit den Eigenschaften des Erhabenen Gottes bzw. seiner edlen Gesandten studiert. Dieser Teil wird dem studierenden Muslim ebenso wie das Glaubensbekenntnis, dass es keinen Gott außer Allah gibt und Muḥammad sein Gesandter ist, oktroyiert.

Es handelt sich dabei aber um die Verbrechen der Könige und ihre Alleinherrschaft über die Muslime. Diese Könige haben die Muslime vom rechten Weg abkommen lassen, ihnen die Wege der Wahrheit verdunkelt und die Bahn zum Licht im Namen der Religion versperrt. Im Namen der Religion haben die Könige die Muslime auch tyrannisiert, gedemütigt, ihnen die Einsicht in die politischen Wissenschaften verwehrt, sie betrogen, ihrem Verstand Beschränkungen auferlegt, sodass sie keine Autorität außerhalb der Religion finden können, selbst wenn es um reine Verwaltungsfragen und pure Politik geht.

Ferner haben die Könige den Muslimen Beschränkungen in Bezug auf das Verständnis der Religion auferlegt, ihnen bestimmte Bereiche, die sie für sich selbst vorgesehen hatten, untersagt und ihnen jeden Zugang zu den Wissenschaften, die mit dem Kalifat zu tun haben, versperrt.

Das alles hatte den Tod der Forschung und das Ende des produktiven Denkens unter den Muslimen zur Folge, sodass sie in Bezug auf das politische Denken und auf alles, was mit den Angelegenheiten des Kalifats und der Kalifen zu tun hat, gelähmt worden sind.

12) In Wahrheit hat die islamische Religion mit jener Art des Kalifats, die die Muslime üblicherweise kennen, nichts zu tun. Sie hat auch nichts damit zu tun, was die Muslime dem Kalifat in Bezug auf Wünsche und Ehrfurcht, Ehre und Macht zugeschrieben haben. Das Kalifat hat auch nichts mit den religiösen Angelegenheiten zu tun. Gleiches gilt für das Gerichtswesen, für Regierungsposten oder Stellen im Staatsdienst. Das alles sind reine politische Angelegenheiten, mit denen die Religion nichts zu tun hat, denn sie hat sie weder gekannt noch

[411] Eine Metapher für Schutz.
[412] Eine Anspielung u.a. auf Koran 9:31. Diese koranische Formulierung findet Anwendung, um streng Verbotenes abzulehnen.
[413] Arab. tauḥīd (Monotheismus): Wegen der Bedeutung des Monotheismus auch als Theologie im Allgemeinen verstanden.

abgelehnt, weder vorgeschrieben noch verboten. Die Religion hat sie uns überlassen, damit wir uns dabei auf die Gebote der Vernunft, die Erfahrungen anderer Nationen und die Regeln der Politik stützen können.

Weiterhin hat die Religion mit der Verwaltung der islamischen Heere, mit dem Bau von Städten und Häfen sowie mit dem Rechnungswesen nichts zu tun. Entscheidend sind dabei der Verstand, die Erfahrung, die Kriegsregeln, die Bautechnik und die Kenntnisse der Wissenden.

Nichts in der Religion hindert die Muslime, mit den anderen Nationen in Bezug auf alle politischen und sozialen Wissenschaften in Konkurrenz zu treten, dieses veraltete System, durch welches sie gedemütigt wurden und woran sie sich gewöhnt haben, niederzureißen, die Grundlagen ihres Königtums und das System ihrer Regierung auf modernste Art und Weise und auf den Pfeilern der Herrschaft, die sich in der ganzen Welt als am besten erwiesen haben, zu errichten.

Lob gebührt Allah, der uns hierbei rechtgeleitet hat. Wir hätten den rechten Weg nicht einschlagen können, wenn Allah uns nicht rechtgeleitet hätte. Gott segne Muḥammad, seine Familie, seine Gefährten und denjenigen, der sich ihm anschließt.

LEIPZIGER BEITRÄGE ZUR ORIENTFORSCHUNG

Herausgegeben von Hans-Georg Ebert
Begründet von Günter Barthel

Band 1 Lutz Knörnschild: Zur Geschichte der Nilwassernutzung in der ägyptischen Landwirtschaft von den Anfängen bis zur Gegenwart. 1993.

Band 2 Henner Fürtig / Rolf Müller-Syring (Hrsg.): Ursachen gewaltförmiger Konflikte in der Golfregion. Internationale und zwischenstaatliche Faktoren. 1993.

Band 3 Ingelore Goldmann (Hrsg.): Beiträge zur Fachdidaktik Arabisch. Didaktische und methodische Probleme des modernen Arabischunterrrichts. 1993.

Band 4 Roland Kühnel: Die sprachliche Situation an Hochschulen des Maghreb und die offizielle Sprachpolitik – Eine soziolinguistische Untersuchung. 1995.

Band 5 Henk Knaupe / Ulrich G. Wurzel: Aufbruch in der Wüste. Die Neuen Städte in Ägypten. 1995.

Band 6 Wolfgang Reuschel: Aspekt und Tempus in der Sprache des Korans. 1996.

Band 7 Hans-Georg Ebert: Das Personalstatut arabischer Länder. Problemfelder, Methoden, Perspektiven. Ein Beitrag zum Diskurs über Theorie und Praxis des Islamischen Rechts. 1996.

Band 8 Uwe Pfullmann: Politische Strategien Ibn Sa^{c}ūds beim Aufbau des dritten saudischen Staates. Eine historische Studie unter besonderer Berücksichtigung deutscher Archivmaterials. 1996.

Band 9 Hans-Georg Ebert (Hrsg.): Beiträge zum Islamischen Recht. 2000.

Band 10 Anja Wünsch: Innenansichten ökonomischer Restrukturierung. Wirkungen und Wirksamkeit der Strukturanpassung in Jordanien, 1989-1999. 2001.

Band 11 Thoralf Hanstein: Islamisches Recht und Nationales Recht. Teil 1 und 2. Eine Untersuchung zum Einfluß des Islamischen Rechts auf die Entwicklung des modernen Familienrechts am Beispiel Indonesiens. 2002.

Band 12 Hans-Georg Ebert / Thoralf Hanstein (Hrsg.): Beiträge zum Islamischen Recht II. 2003.

Band 13 Hans-Georg Ebert / Thoralf Hanstein (Hrsg.): Beiträge zum Islamischen Recht III. 2003.

Band 14 Hans-Georg Ebert: Das Erbrecht arabischer Länder. 2004.

Band 15 Silvia Tellenbach / Thoralf Hanstein (Hrsg.): Beiträge zum Islamischen Recht IV. 2004.

Band 16 Almut Hinz: Die Sanktionen gegen Libyen. Sanktionen im modernen Völkerrecht und in der Staatenpraxis sowie ihre Anwendung am Beispiel Libyen. 2005.

Band 17 Hüseyin Demir: Die osmanischen Medresen. Das Bildungswesen und seine historischen Wurzeln im Osmanischen Reich von 1331–1600. 2005.

Band 18 Sebastian Maisel: Das Gewohnheitsrecht der Beduinen. Der Stellenwert von Urf in den Rechtsvorstellungen tribaler Gruppen im Norden der Arabischen Halbinsel. 2006.

Band 19 Irene Schneider / Thoralf Hanstein (Hrsg.): Beiträge zum Islamischen Recht V. 2006.

Band 20 Anja Wehler-Schöck: Ehrenmorde in Jordanien. Ursachen und mögliche Gegenstrategien. 2007.

Band 21 Hans-Georg Ebert / Thoralf Hanstein (Hrsg.): Beiträge zum Islamischen Recht VI.

Band 22 Naseef Naeem: Die neue bundesstaatliche Ordnung des Irak. Eine rechtsvergleichende Untersuchung. 2008.

Band 23 Hans-Georg Ebert: Die Quadrî Pâshâ-Kodifikation. Islamisches Personalstatut der hanafitischen Rechtsschule. 2010.

Band 24 Hans-Georg Ebert / Assem Hefny: *Der Islam und die Grundlagen der Herrschaft.* Übersetzung und Kommentar des Werkes von Alî Abd ar-Râziq. 2010.

www.peterlang.de

www.ingramcontent.com/pod-product-compliance
Ingram Content Group UK Ltd.
Pitfield, Milton Keynes, MK11 3LW, UK
UKHW021127041026
8980IPUK00025B/162

9 783631 596135